BIG IDEAS FOR CURIOUS MINDS

科学家的故事 7

ISAAC NEWTON'S LAW OF GRAVITY

牛顿的万有引力定律

[英] 迈克尔·利奇（Michael Leach） [英] 梅里埃·兰德（Meriel Lland） [英] 亚历克斯·伍尔夫（Alex Woolf）◎著
[哥伦] 朱安妮塔·隆多诺·加维里亚（Juanita Londoño-Gaviria） [墨] 葆拉·萨穆迪奥（Paula Zamudio）◎绘 李小平 韩雪婷 金凯◎译

天津出版传媒集团
天津科技翻译出版有限公司

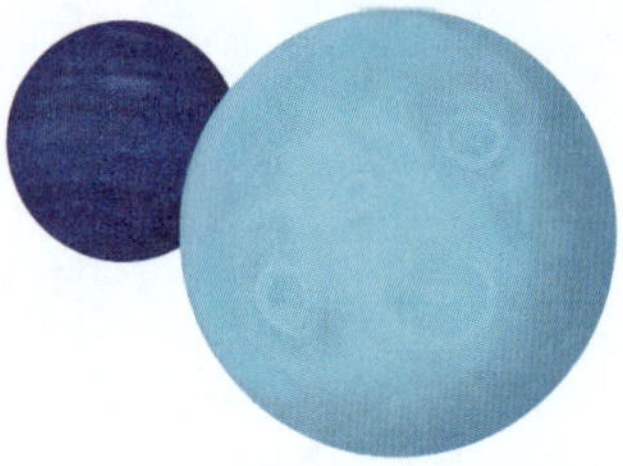

目录

CONTENTS

引言

“站在巨人肩膀上”的物理学家

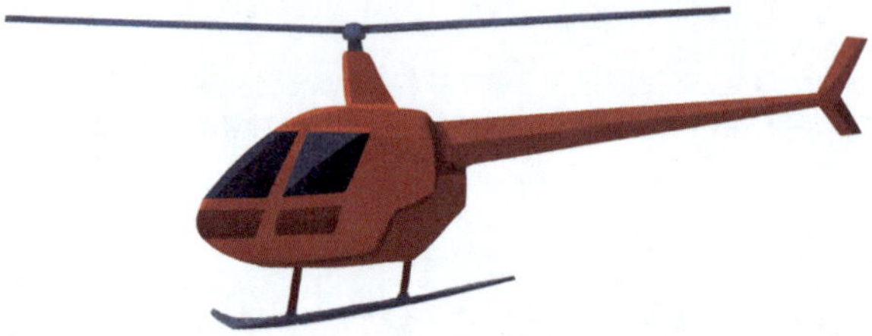

联结万物的万有引力定律

充满奇思妙想的发明与发现

打开牛顿的“科学百宝箱”

用新思想不断探索未知领域

引 言

引力，无迹可寻又无处不在

引力是一种无形的力，能将物体拉向彼此。引力能使行星沿着圆形或椭圆形的轨道围绕太阳运行，也能使月球围绕地球运行。引力会引起潮汐，因为月球会把地球表面的海水拉向自己。当我们扔出某样东西时，也是引力让它们掉在地面上。可以说，正因为引力的存在，地球上的一切才能停留在某个位置。

引力和重量

当你站在体重秤上测量体重时，实际上测量的是作用在你身体质量（也就是人体的物理实质）上的引力大小。你的质量越大，重量就越大。

可大可小的引力

物体的质量越大，其引力就越大。苹果也有引力，但我们感觉不到它，因为苹果的质量太小了。地球引力之所以强大，是因为地球的质量很大。当我们观看火箭发射时，就可以感受到这一点——火箭需要巨大的推力才能克服地球的引力，冲向太空。

火箭需要巨大的能量才能克服地球引力并发射到太空中。

影响引力大小的另一个因素是距离。你离一个物体越远，所受到的它的引力就越小。登山者在高山顶端的体重会比在海平面附近的轻一点，这是因为他们离地心较远，所受到的地球引力就较弱。

引力的作用

在浩瀚的宇宙中，引力是最重要的力。除了维持天体（即太空中的物体）在轨道上运行之外，引力还能将星系维系在一起，并通过聚集构成星系的物质来创造新的恒星和行星。然而，在有限的距离内，引力就比其他力（如磁力）稍弱一些。如果你把一颗钉子放在桌子上，再把一块磁铁悬在钉子上方，就能看到这两种力之间的差距——钉子会克服引力的影响，附着到磁铁上去。这说明在这种情况下，磁力的作用更强。

牛顿对引力的思考

伟大的科学家艾萨克·牛顿被这种“神秘的力量”深深地吸引了。1666年，他根据拉丁语“gravitas”（意为“重量”）一词将这种力命名为“引力”。牛顿是世界上第一个认识到引力普遍存在的人，他指出引力能影响月球、行星，以及地球上物体的运动，还提出了一个数学公式来计算引力的大小。

“吸引”科学家们的神秘力量

在牛顿提出万有引力定律之前，几个世纪以来，科学家们一直对这种无形的神秘力量深感困惑。这种力也就是后来人们熟知的“引力”。天空中并没有绳子牵引着月球绕着地球转，但不知何故，月球从不偏离自己的轨道。是什么使得各自独立且互不相连的物体相互靠近或是一个围绕着另一个转动？当时的科学家对这个问题十分疑惑。

物体本身的重量

公元前4世纪，古希腊思想家亚里士多德提出了一种理论：物体本身具有一种重量，使它们向宇宙的中心（他认为该中心就是地球）坠落。但他表示，并不是所有物体都有这种重量。例如，火和空气就没有重量，所以只能向上运动。

亚里士多德

也有许多人不认同亚里士多德提出的理论，公元11世纪的波斯学者比鲁尼就是其中之一。比鲁尼认为，所有天体都能吸引其他物体，而不是仅地球有这种“能力”。

亚里士多德认为，物体之所以会下落，是因为物体本质上是由4种元素（土、气、火和水）构成的，而这4种元素都会朝向它们的自然位置移动。这就是为什么气和火在我们的上方，而土和水在我们的下方。

“物体向地球坠落是因为地球会对物体自然地吸引，就如同水会自然地流动一般。”

——印度天文学家婆罗摩笈多（约598—668）

伽利略的落体实验

意大利科学家伽利略·伽利雷（1564—1642）通过实验发现，不论下落的物体质量如何，它们下落的速度都是相同的。换句话说，两个不同质量的球体同时从塔顶落下，它们最终会同时落地。伽利略以此推翻了亚里士多德提出的理论，即较重的物体比较轻的物体下落得更快。

伽利略·伽利雷

亚里士多德提出的理论

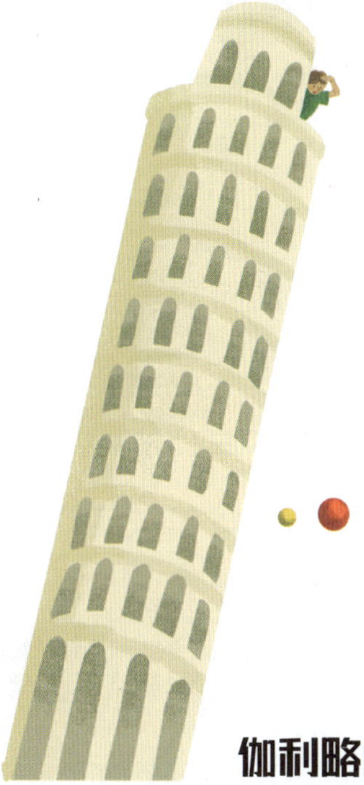

伽利略的发现

笛卡尔的以太漩涡

1644年，法国科学家、数学家勒内·笛卡尔（1596—1650）提出，宇宙中并不是空无一物，相反，宇宙中充满了一种叫作“以太”的无形物质。这种物质形成了巨大的漩涡，使行星得以按照轨道运行。

17世纪60年代，牛顿开始将注意力转向引力这一领域，以太漩涡学说是当时科学界对引力的主流认知。

“站在巨人肩膀上”的物理学家

善于思考的孤独男孩

牛顿出生于1643年。在他出生的3个月前，他的父亲就去世了。当时，牛顿和母亲汉娜·艾斯库住在英国林肯郡的伍尔索普庄园。在牛顿3岁时，他的母亲改嫁并住进了牧师巴纳巴斯·史密斯家里，把牛顿托付给了他的外祖母玛杰里照顾。

年幼的牛顿是一个孤独的小男孩，身边没有什么朋友

开启求学之路

汉娜要和她的新丈夫巴纳巴斯养育3个孩子，因此她只能无奈地抛下年幼的牛顿。可见，牛顿的童年一定十分孤独。到了入学年龄，牛顿进入了一所乡村小学，学习阅读和写作。

制作牛顿钟

牛顿注意到，晴朗的日子里，在阳光的照射下，影子会在墙壁上有规律地变化。于是，他决定在墙上钉一根木钉来记录影子的轨迹。由于在春天白天会变长，在冬天会变短，牛顿便据此调整了木钉的位置。就这样，他创造出了一个“日晷仪”，后来人们亲切地称之为“牛顿钟”。

充实的寄宿生活

牛顿10岁时，巴纳巴斯去世了，他的母亲带着其他3个孩子回到了伍尔索普庄园。两年后，牛顿被送到附近的一所精英中学——格兰瑟姆文法学校读书。在那里，他学习了拉丁语，并接触了《圣经》和古典文学。

求学期间，牛顿寄宿在药剂师威廉·克拉克家里。当时，克拉克向他传授了调配药剂的方法。那时，牛顿在学校里十分贪玩，成绩也不好。但在业余时间，他喜欢动手做一些东西，如风车模型、水钟、四轮马车、折叠式提灯等。

业余时间里，牛顿喜欢动手做些东西

回乡务农

在一场校园斗殴事件之后，牛顿对学习的态度发生了转变。他开始认真地对待自己的学业，甚至萌生了上大学的想法。然而，在他17岁时，他的母亲把他叫回家接管家务、赡养家庭，于是牛顿就停学务农了。

告别农场，迈进大学

牛顿是个“不务正业”的农民。他既不照料牲畜，也不修葺篱笆，而是整天在小溪里造水车，或是放任羊群踩踏麦苗，跑去采集草药。每到格兰瑟姆镇的赶集日，他都会留下一个仆人照看摊位，去拜访自己以前的房东威廉·克拉克，躲进他家里尽情地看书。

剑桥大学三一学院

牛顿的母亲终于意识到，自己的这个儿子确实不适合当农民，于是让他去完成学业。1660年，牛顿回到了格兰瑟姆文法学校。1661年6月，他考上了剑桥大学三一学院。剑桥大学开设的科目都很传统。教授们讲授亚里士多德和其他古希腊哲学家提出的理论，并对其内容深信不疑。然而，在图书馆里，牛顿发现了一些书，里面包含了哥白尼、开普勒、笛卡尔、伽利略等科学家提出的新观点，这些观点都对古老的理论发起了挑战。例如，哥白尼认为，是地球绕着太阳转，而不是像古人认为的那般——太阳绕着地球转。

“柏拉图是我的朋友，亚里士多德也是我的朋友，但我最伟大的朋友是真理。”

——艾萨克·牛顿在剑桥大学三一学院读书时，在笔记本的空白处写下了这句话

问题笔记本

进入三一学院的第二年，牛顿开始用一个笔记本记录一些他向自己提出的科学问题。牛顿共提出了45个问题，并在每个问题下梳理了关于该问题的已知内容，然后他尝试运用理性思维推导出新的答案。这些问题包括：什么是物质？空间是无限的吗？物体为什么会掉落？

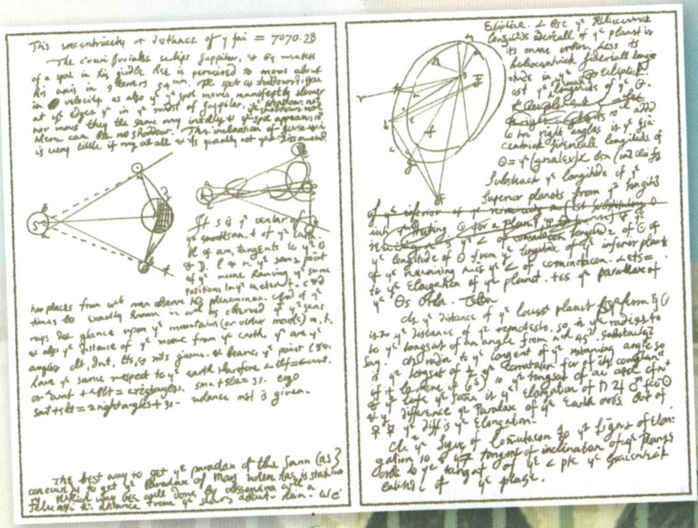

大学停课

1665年，牛顿参加了结业考试，获得了文学学士学位。他本想继续留校，但那年夏天，剑桥暴发了瘟疫，剑桥大学被迫关闭了。

穿越至“牛顿奇迹年”

牛顿22岁时回到了伍尔索普庄园。跟4年前那个刚要前往剑桥求学的失败农民比起来，此时的牛顿意气风发。他的母亲和3个同母异父的弟弟妹妹本杰明、玛丽和汉娜热情地迎接了他。但不幸的是，几乎独自抚养牛顿长大的外祖母已经离开了人世。

刻苦钻研

牛顿的母亲给了他一个厚厚的笔记本，牛顿便用它来记录一些笔记和实验数据。这个笔记本被他写得满满的，足足有1000页。接下来的两年堪称牛顿的“奇迹年”，在此期间他取得了一系列伟大的科学成果。

1666年3月，牛顿重返剑桥大学。但仅3个月后，瘟疫就再度肆虐，他不得不重回伍尔索普庄园。

牛顿很多时候都在伍尔索普庄园的果园里思考

三项重大发现

在伍尔索普庄园度过的18个月里，牛顿有三项重大发现。首先，他发现了一种新的数学理论；其次，通过对阳光和棱镜的实验，他发现白光是由多种颜色的光组成的；最后，他发现引力是一种普遍存在的、能将物体拉向彼此的力，引力的大小可以根据物体的质量和它们之间的距离用数学方法计算出来。

全新的数学理论

在剑桥大学求学期间，牛顿的数学导师伊萨克·巴罗告诉他，传统数学描述的是一个静止的世界，而现在他们需要一种新的数学理论来描述变化和运动，这将有助于人们理解行星的轨道运行或流体的运动方式。在伍尔索普庄园，牛顿研究出了一套名为“流数法”的数学方法，这在后来被称为“微积分”。

“在那些日子里（1665年至1666年的瘟疫时期），我正处于发明创造的黄金时期，我对数学和哲学的思考也比以往任何时候都要多。”

——艾萨克·牛顿

学者生涯就此开始

1667年，牛顿回到了剑桥。他兴奋地向数学导师巴罗展示了自己发明的流数法。巴罗看了后大为震惊。牛顿年仅24岁就成了三一学院的研究员，他的学者生涯就此开始了。

光学成就

1669年6月，牛顿撰写了一篇论文，详细地阐释了流数法。论文发表后，牛顿声名大噪。同年，年仅26岁的牛顿成了数学教授。作为一名教授，他必须每周都举办一次讲座。

后来，牛顿关于光和颜色的讲座促使他在1704年出版了《光学》一书。通过对光学（关于光和视觉的科学）的研究，牛顿掌握了透镜的原理，并发明了一种新型望远镜——反射望远镜。

加入英国皇家学会

1671年，牛顿向英国顶尖科学家组织英国皇家学会展示了自己发明的望远镜，该组织对他大为赞赏。1672年，牛顿当选为英国皇家学会会员。

牛顿向英国皇家学会的科学家们展示自己发明的反射望远镜

与胡克展开竞争

1672年开始，牛顿与另一位英国皇家学会会员罗伯特·胡克（1635—1703）之间漫长而激烈的竞争拉开了帷幕。牛顿发表了一篇论文，指出光是由粒子组成的。而胡克不同意这种观点，他认为光是一种波。直到20世纪，相关发现才证明了这两种理论都是正确的——光既有波的性质，也有粒子的性质。

罗伯特·胡克

杰出著作开创新时代

1679年，罗伯特·胡克给牛顿写了一封信，信中记述了自己取得的关于行星运动的全部理论成果。牛顿因此回想起了1666年自己在伍尔索普庄园的发现，这促使他继续对引力进行研究。最终，他写出了一本享誉世界的书籍。

《自然哲学的数学原理》

1687年，牛顿出版了他的重要著作《自然哲学的数学原理》。该书也被称为《原理》，它为人们了解宇宙搭建了一个全新的体系，并引入了引力、力、质量等概念。

一生的劲敌

《原理》使牛顿闻名于世，但也重新点燃了他与胡克之间的“战火”。当时，胡克指责牛顿剽窃了自己提出的关于行星运动的理论。的确，胡克在信中提出了这个理论，不过是牛顿用数学方法证明了该理论的正确性。牛顿和胡克在这个问题上一直存在分歧，直到1703年胡克去世。他们的大论战持续了整整一生。

研究炼金术

《原理》出版后，牛顿想要寻找新的人生方向。他再次参与公共事务，并当选为剑桥议会议员。他还开始研究炼金术，尝试将一种物质变成另一种物质。

成为造币厂厂长

1699年，牛顿被任命为负责制造英国硬币的皇家造币厂厂长。当时英国市面上假币泛滥，严重干扰了市场流通。牛顿收回了所有硬币，并重新发行了新的硬币，还对造假者进行了严厉的惩罚。

充满纷争的晚年时光

1703年，牛顿被推选为英国皇家学会会长。他利用这个职位激烈地捍卫自己的学说，并打压其他科学家。他生命最后几年的光景充满了冲突和分歧。

1705年，牛顿被安妮女王封为爵士。他是第一位获此殊荣的科学家。

微积分之争

18世纪初，牛顿与德国数学家戈特弗里德·威廉·莱布尼茨（1646—1716）就“谁首先发现了微积分”这一问题展开了争论，两人都指责对方窃取了自己的研究成果。如今，大多数专家认为是他们各自独立发现了微积分。

“星表”之争

1712年，牛顿与皇家天文学家约翰·弗兰斯蒂德（1646—1719）矛盾重重。弗兰斯蒂德在其观星生涯中收集了大量信息，牛顿希望利用他的“星表”来更新《原理》一书的相关部分，但弗兰斯蒂德并未同意。最终，牛顿不顾弗兰斯蒂德的反对，公开了相关数据。

隆重的葬礼

1727年3月31日，牛顿在睡梦中去世，享年84岁。人们为他举行了葬礼，并把他葬在威斯敏斯特教堂。这是国王和女王的安息之地，他是第一位葬在那里的科学家。

牛顿的纪念碑展现了他在一堆书上休息的情景。上方的天球仪上雕刻着迷人的星座。

著名诗人亚历山大·波普在牛顿去世后这样评价他：“自然与自然的定律，都隐藏在黑暗之中；上帝说：‘让牛顿去寻找吧！’于是，一切都迎来了光明。”

联结万物的万有引力定律

掉落的苹果与旋转的月球

牛顿年老时，曾经讲述过自己发现万有引力定律的故事。那是1666年的一天，他坐在伍尔索普庄园里的一棵苹果树下，正在思考着是什么力量使月球围绕着地球转。这时他抬起头，恰好看到一个苹果从树上掉了下来。

“同年（1666年），我开始思考引力的作用是如何延伸到月球上的……”

——艾萨克·牛顿

不同的事件，相同的力量

之后牛顿开始思考这两件事——月球为什么会绕着地球转？苹果为什么会落到地上？起初，这两件事看起来毫无关联，但事实也许并非如此。他突然灵光一现，意识到使苹果从树上掉落的力很可能就是使月球绕着地球旋转的力。苹果和月球都是被地心引力牵引着的。

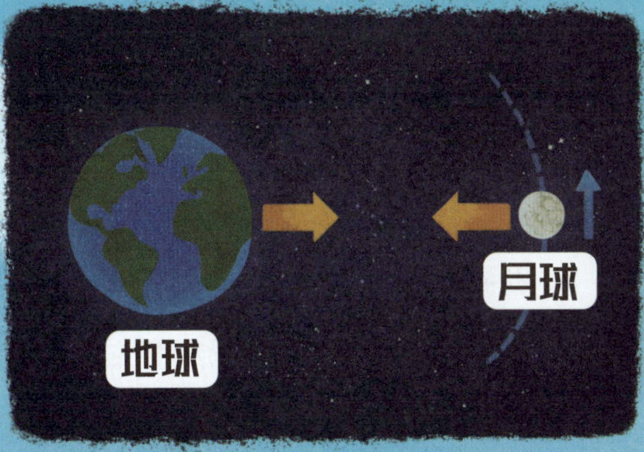

普遍存在的力

但牛顿的理性思维使他并不太能接受这个观点。毕竟苹果离地面很近，而月球离地球很远。如果影响二者的是同一种力，那它是如何吸引这两个物体的呢？后来牛顿又推想，为什么引力的作用不能延伸到太空中呢？有没有可能，引力是一种普遍存在的力，不论物体的大小，且都能作用于宇宙万物？

截然不同的运动方式

然后，牛顿又想到了另一个问题。苹果是直接落到了地面上，而月球则是绕着地球旋转。如果影响二者的是同样的力，怎么会导致两个物体的运动方式如此不同？他开始设想，如果把苹果抛向高空会发生什么。它也会像月球一样绕着地球旋转吗？

在山顶发射炮弹的思想实验

牛顿不禁自问，为什么引力对苹果的作用和对月球的作用如此不同？为什么引力会把苹果直接拉向地球，而月球却绕着地球旋转？为了解释这种现象，他提出了一个思想实验。他想象在一座非常高的山上架起一门威力巨大的大炮。

沿着弯曲的路径飞行

这座想象中的山峰必须穿透地球大气层，这样从山顶发射的炮弹就不会受到空气阻力的影响。如果从山顶水平发射一颗炮弹会怎么样？按照牛顿的推测，在引力最终把炮弹拉回地球之前，炮弹会沿着一条弯曲的路径飞行。炮弹发射的速度越快，它在落地前飞行的距离就越远。

如果发射炮弹的威力足够大，它就会变成一颗像月球一样的卫星。

绕地运动

如果发射炮弹的威力大得超乎想象，炮弹没有坠落地面，而是继续绕着地球飞行，那会怎么样呢？炮弹仍会下落，但它下落的幅度将与地球表面弯曲的幅度相同。因此，炮弹将围绕着地球下落，但不会落到地面上，而是成为像月球一样的卫星，即绕行星运行的天体。因此，也许月球同样正在下落——但不是落向地面，而是围绕着地球下落。

“在大气层之上的太空中，没有空气阻力，所有物体都能自由地运动。”

——艾萨克·牛顿，

《原理》，1687年

空间站里的飘浮和下落

空间站里的宇航员并不是在飘浮，而是在下落。因为他们离地球很远，受地球引力的影响较小，所以他们在下落时看起来就像飘浮一样。地球周围的其他卫星也是如此。

来自八大行星的天文启示

1679年至1684年间，牛顿专心研究万有引力理论，并最终将自己的研究成果写进《原理》（1687年）一书。他的研究成果得益于之前几位科学家的发现，包括意大利天文学家、物理学家伽利略，以及德国天文学家、数学家约翰尼斯·开普勒（1571—1630）。

吸收“天空的立法者”开普勒的智慧成果

约翰尼斯·开普勒

根据伽利略的研究，牛顿了解到，除非受到外力作用，否则运动中的物体将保持直线运动。牛顿意识到，行星受到的“外力”就是太阳的引力，它把行星的直线运动变成了轨道运动。根据开普勒的研究，牛顿确切地掌握了引力作用于行星的原理。开普勒花了数年时间研究来自太空的信息，得出了行星运动的三大定律。

开普勒第一定律

行星的运行轨道是椭圆形的。这种说法推翻了古希腊科学家“天体绕着完美的圆形轨道运行”的观点。

开普勒第二定律

行星并不是以恒定的速度绕太阳公转的。当它靠近太阳时会加速，远离太阳时会减速。由此，牛顿得出结论：引力随着距离的增加而减弱。

开普勒第三定律

行星离太阳越远，运动速度就越慢，完成公转所需的时间就越长。这进一步证明引力随着距离的增加而减弱。更重要的是，开普勒证明了行星的运动速度和它与太阳的距离之间存在精确的数学关系。这让牛顿坚信引力的大小也一定遵循某个数学定律。

向心力的作用

太阳的引力对行星施加了向心力。向心的意思是“指向中心”。在地球上，当我们把一块石头拴在一根绳子的一端，握住另一端在头顶上甩动时，就会感受到这种力。一旦绳子断了，石头就会沿着直线飞出去。换句话说，如果没有外力作用，石头会和所有物体一样，沿着直线运动。太阳的引力就像一条看不见的绳子，拴住了行星，阻止它们飞向太空。

绳子一断，小球就会沿着直线飞出去。

引力与距离的微妙关系

伽利略的实验证明，无论质量大小，所有物体都以相同的速度落向地面。开普勒提出的行星运动第三定律表明，引力的强度随着距离的增加而减弱，而且其减弱幅度可以通过数学方法精确地计算出来。牛顿很想一探究竟，到底什么原理能够解释上述两个观测结果。

引力作用于物体的中心

1666年，在果园里看见苹果落地的那一天，牛顿注意到了一个关于引力的非常重要的现象——苹果是垂直落在地上的，而不是向其他方向倾斜地下落。这说明引力作用于物体的中心，而不是物体的侧面。这一发现为他之后计算引力大小起到了关键作用。

平方反比定律

在伽利略的研究基础上，牛顿得知苹果从树上落下的加速度是$9.8 m/s^2$。牛顿随后计算出月球的向心加速度为$0.002\ 72 m/s^2$——是苹果加速度的1/3600。牛顿还算出，月球到地心的距离是苹果到地心距离的60倍，而月球受到的引力刚好是苹果受到引力的1/3600。

3600刚好是60的平方，这一发现令人兴奋。牛顿知道自己已经找到了引力和距离之间的数学关系。当两个物体之间的距离增加时，它们之间的引力会按距离的平方减小。这就是“平方反比定律”。“反比”的意思就是，如果一个变量（距离）增大，另一个变量（引力）就会减小。

引力如何随着距离的增加而减弱

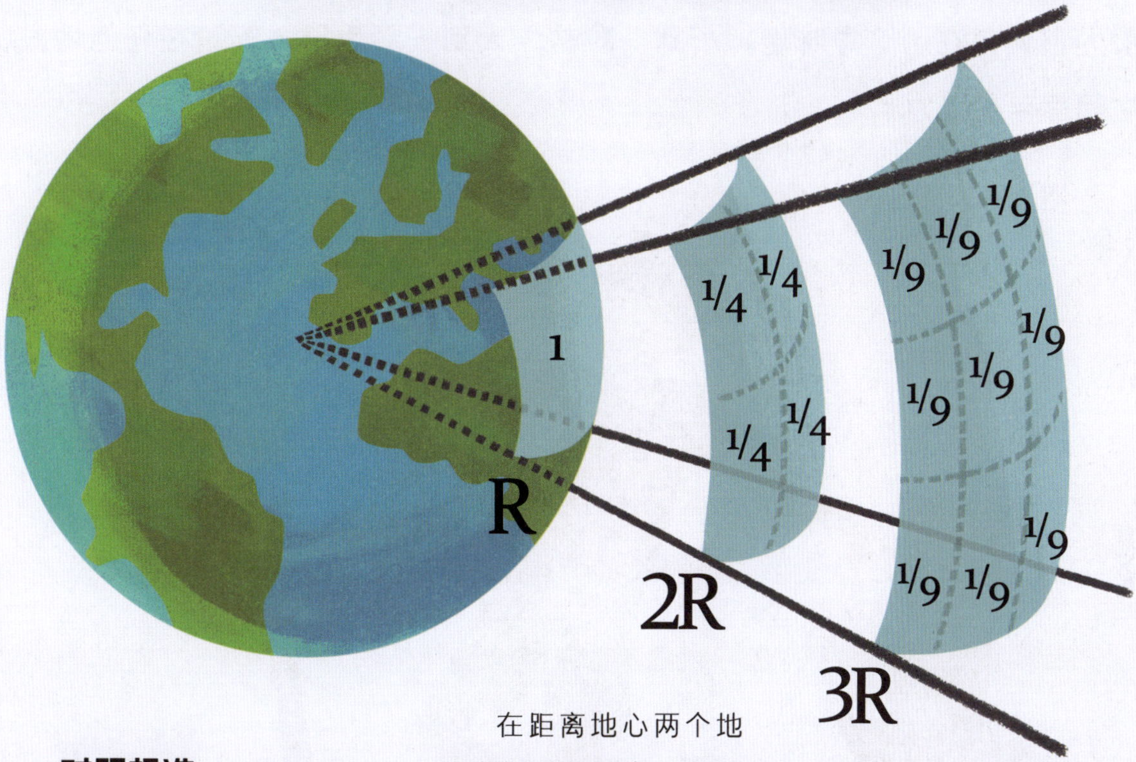

对照标准

R=地球半径

在距离地心两个地球半径远的地方，引力是地表引力的1/4。

胡克的贡献

牛顿并不是第一个发现引力和距离之间存在关联的人。在1679年罗伯特·胡克写给牛顿的信中，他就提到了平方反比定律存在的可能性。不过，是牛顿用数学计算证明了这一点。

"每个粒子都会以与距离的平方成反比的力吸引其他粒子。通过这样的推论，万有引力定律的存在很可能被证明。"

——艾萨克·牛顿，
《原理》，1687年

万有引力定律正式诞生

牛顿用一个数学公式把苹果向地面运动和月球绕地球运动联系了起来，从而证明引力普遍存在。这意味着，小到一粒盐，大到一颗恒星，无论在任何地方，物体之间都存在引力。

引力作用于物体双方。引力将你拉向地球，也将地球拉向你，只不过幅度非常非常微小而已！

引力和质量的关系

现在，我们已经知道了距离和引力之间的关系。牛顿还计算出，物体的质量与物体间的引力大小也有直接关联。如果物体A的质量是物体B的2倍，那么物体A的引力也为物体B的2倍。为了计算出物体A和物体B之间的引力，需要将它们的质量相乘，还要知道它们之间的距离。

小质量物体的微弱引力

牛顿提出了引力常量（G），这是一种测量引力大小的度量单位。由于G是一个极小的数字，所以计算出的小质量物体的引力十分微弱。因此，苹果不会被吸到你的手上。只有在恒星和行星的量级上，引力才非常强大。

引力使行星成为球体，但前提是它的直径大于600千米。这也解释了小行星不是球形的原因。

《原理》中的万有引力定律

在《原理》一书中，牛顿提出了万有引力定律。他指出，宇宙中的每一个物质粒子都会吸引其他物质粒子。引力的大小取决于粒子的质量和它们之间的距离。引力的强度与粒子质量的乘积成正比（物质的质量越大，引力就越大），与粒子中心之间距离的平方成反比（物质之间的距离越大，引力就越小）。

认识生活中的牛顿运动定律

引力的存在解释了苹果为什么会落到地面上。不过，还有其他外力会让苹果或其他物体运动，比如物体被抛向空中的力。在《原理》一书中，牛顿阐述了许多运动的规律。这三条运动定律分别描述了物体和作用于其上的力之间的关系。

足球与牛顿第一运动定律

牛顿第一运动定律即惯性定律，其内容是：任何物体都保持着匀速直线运动或静止状态，直到外力迫使它改变运动状态为止。所以，如果没有人踢球，球就会保持静止。被踢走之后，球会一直运动，直到某一个力（比如摩擦力）使它减速。

“哲学的基本问题似乎就是从运动现象中发现自然之力，然后再根据这些力证明其他现象。”

——艾萨克·牛顿，

《原理》，1687年

行李箱与牛顿第二运动定律

牛顿第二运动定律即加速度定律，其内容是：物体的加速度（a）取决于物体的质量（m）和合外力（F）。

第二运动定律的方程是：力=质量×加速度（$F=ma$）。也可以写成：加速度=力÷质量（$a=F/m$）。

当你骑自行车时，你的加速度等于你踩踏板所施加的力除以你和自行车的总质量。

气球与牛顿第三运动定律

牛顿第三运动定律即作用力与反作用力定律，其内容是：当物体A对物体B施加力时，B也会对A施加大小相等且方向相反的力。比如，当你松开气球的吹气口时，空气会从吹气口处逸出，同时推动气球向前移动。空气逸出的力（作用力）与推动气球向前运动的力（反作用力）大小相等，方向相反。

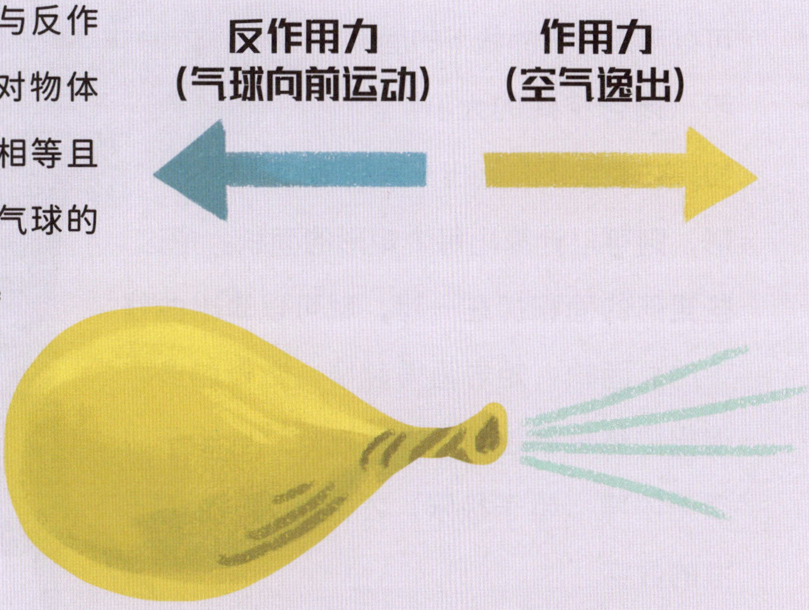

充满奇思妙想的发明与发现

漫游微积分的趣味世界

为了研究万有引力，牛顿需要开发一种新的数学方法。他知道，当一个苹果掉下来时，它的速度会不断增加，直到落地。为了计算出下落速度变化的速率，他需要无限次地测量苹果的速度，但这几乎无法做到。所以他需要用数学方法来描述速度变化的速率。

加速下落的苹果

如果苹果以恒定的速度落下，其速度可以在图表上记为一条直线。但苹果在下落过程中，速度不断增加。这种变化的速度可以用曲线来表示。一种叫作“微分”的方法可以帮助计算该曲线的斜率。另一种叫作“积分”的方法可以用来计算曲线下的面积（闭合空间的大小）。如果在曲线下方画出一系列矩形，则可以计算出每个矩形的面积。把这些矩形的面积加在一起，就可以算出曲线下的总面积。矩形画得越窄，数量越多，得出的结果就越精确。不过，这些矩形必须无限窄（趋于极限）才能得到一个精准的数字。

苹果的下落轨迹由无限个点位构成，在这些点位上，苹果的速度在逐渐增加。

微积分

1665年，牛顿提出了一种实用的方法，将微分和积分相结合，来计算事物的变化速率。他称之为“流数法”，也就是后来的“微积分”。

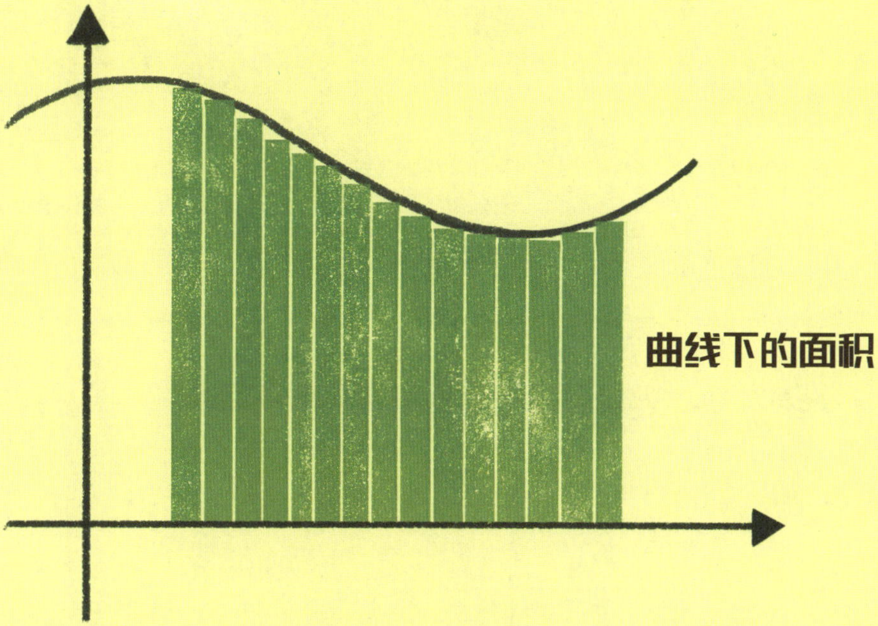

无穷级数

微积分要求通过进行无限次的计算，得到关于数量或大小的极限的答案。这看似不可能，但在现实生活中，无限次地做某事就可能会得到准确的结果。

例如，当你要从房间的一边走到另一边时，先只走一半，再走剩下距离的一半，然后再走剩下距离的一半，以此类推，直到无穷次。尽管如此，只要你继续走下去，就总会到达房间的另一边。从无限次计算中得到极限的答案正是微积分的核心理念。

分解阳光，“制造”彩虹

在牛顿之前，科学界对光和颜色有很多看法。一些古希腊思想家认为光和颜色是两种完全不同的东西。颜色是物体的特性之一，而光本身没有颜色，只是让观察者能够看见颜色而已。

棱镜的秘密

棱镜是可透视的物体，通常呈三角形。当白光穿过棱镜时，就会分解成一系列颜色的光。同样，当阳光照射到雨滴上时，光线就会发生反射和折射，形成彩虹。

从古至今，人们常在天然棱镜——岩石晶体周围观察到彩虹。在牛顿提出相关理论之前，大多数人都认为是棱镜和雨滴以某种方式为白光增添了色彩。

光的色散实验

1666年，牛顿在伍尔索普庄园用棱镜做了一个实验。他让一束阳光穿过棱镜，把分解出来的各种颜色的光投射到墙上，并仔细记录它们的顺序和角度。然后他将这些有颜色的光投到第二个棱镜上。他惊奇地发现它们又变回了白光。这证明了事实并不像其他人之前认为的那样，棱镜并没有为白光增添色彩。

牛顿是第一个发现白光实际上是由多种单色光混合而成的人。牛顿观察到，光线在穿过棱镜时会发生折射，从而分解成多条单色光，每条光线的颜色取决于光线从棱镜射出的角度。他意识到，彩虹出现的原理与之类似——阳光照射到雨滴上，发生了折射。

牛顿在伍尔索普庄园用棱镜做实验

通过棱镜实验，牛顿发现白光由7种单色光组成，它们的颜色依次是红、橙、黄、绿、蓝、靛、紫。

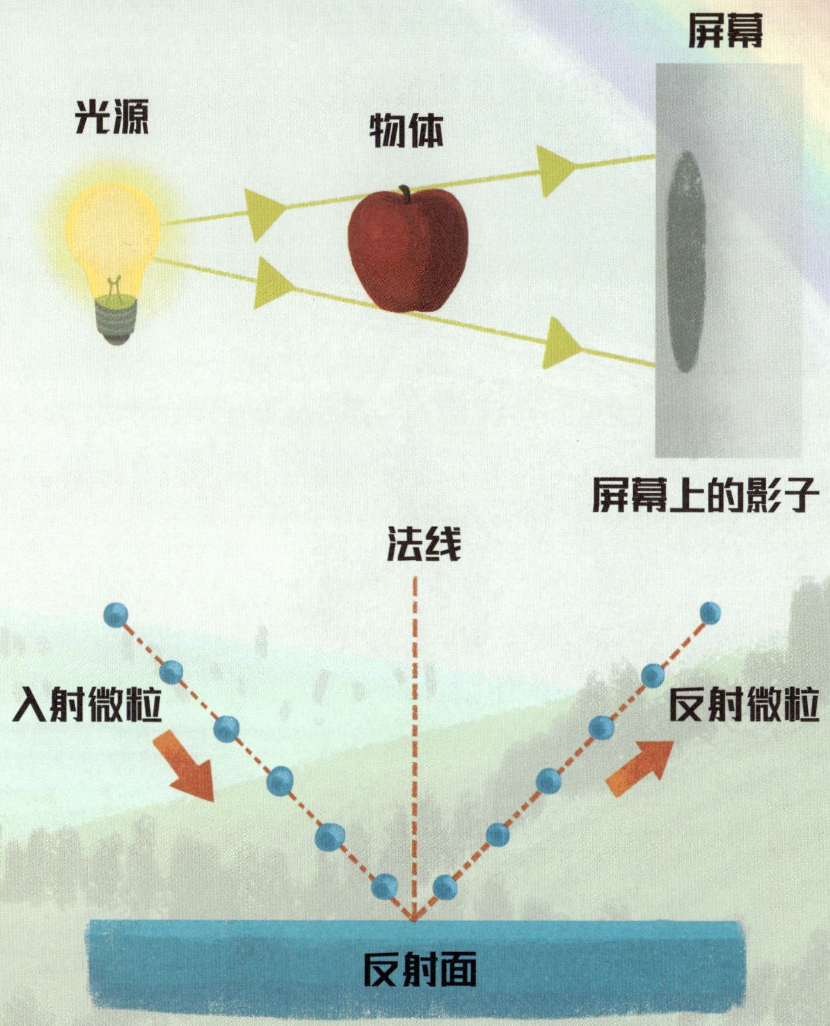

微粒与光子

牛顿认为，光是由微小的粒子组成的，他将这些粒子命名为“微粒”。到了20世纪，物理学家发现牛顿提出的理论是正确的。他们将这些粒子命名为“光子”。

牛顿认为光是由粒子组成的，而不是波。这一方面是因为物体的影子边缘清晰，另一方面是因为光线可以在反射面上发生反射。

用反射望远镜一窥太空面貌

反射望远镜

在牛顿的新发明反射望远镜问世之前，人们使用的都是折射望远镜。折射望远镜的前面有一个透镜，镜身是一个长筒，末端是一个目镜。折射望远镜的工作原理是通过光的折射，使平行的光线在一个点（焦点）上汇合，从而放大物体图像。

关于镜片的难题

把玻璃磨成适合望远镜用的透镜形状是非常困难的。此外，牛顿生活的时代的玻璃中含有杂质，导致镜片呈绿色。最糟糕的是，透镜的功能和棱镜类似，能将白光分解成不同颜色的光，因此，在使用折射望远镜观察恒星和其他明亮的天体时，会看到它们周围有彩色的光晕。

牛顿的解决方案

牛顿发明的望远镜不再运用透镜，而是运用了反射面的原理。他使用了两个高度抛光的金属镜子。第一面镜子是一块凹面镜（镜面向内弯曲），镶在望远镜筒的底部。恒星发出的光照射到这面镜子上，然后被反射到望远镜的镜筒内，再投射到第二面镜子上。第二面镜子是平面镜，成45度角倾斜。它将光线反射到镜筒另一端的目镜上，这样观测者就能看到恒星的图像了。

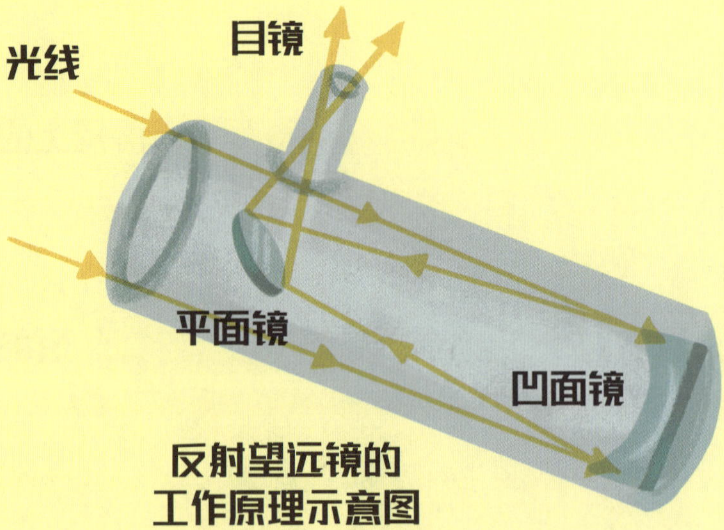

反射望远镜的工作原理示意图

小巧而实用

牛顿发明的反射望远镜十分好用，不仅避免了光晕效应的影响，而且大大提升了放大倍数。反射望远镜可以将物体放大约40倍，其效果可以与体积更大的折射望远镜相媲美。1671年，牛顿成功将反射望远镜展示给了英国皇家学会，1672年又展示给了国王查理二世。

不过，牛顿发明的望远镜有一个缺点，即高度弯曲的第一面镜子造成了观察视野的轻微扭曲，令图像产生变形。后来又采用了曲度较小的凹面镜，解决了这个问题。到了18世纪，大多数天文学家都在使用反射望远镜。

詹姆斯·韦布空间望远镜是一种反射望远镜，配有一个分段反射镜，可提供更广阔的空间视野。

点"铁"成金的化学实验

大多数人都只记得牛顿在物理学上的成就，但实际上他把更多的时间都花在了炼金上。炼金师尝试用各种材料做实验，目的是把贱金属（如铁）转化成黄金。在化学发展的早期阶段，这样的实验旨在研究物质的属性，以及它们之间如何发生反应并形成新物质。

对真理的渴求

牛顿对炼金术产生兴趣是因为他想要了解引起事物发生变化的潜在原因。例如，他想知道为什么当两种物质发生反应时会产生热量，为什么梳头时发丝会立起来，还有为什么水在引力的影响下还能顺着纸张往上蔓延。

在牛顿生活的时代，没有人了解电是什么，也没有人知道原子和分子是什么。起初，牛顿认为这些变化是由一种名为"以太"的无形物质引起的。后来，他得出结论，它们是由不同物质粒子之间互相吸引或排斥的力引起的。

牛顿已经了解了将太阳系维系在一起的引力，但还不了解束缚原子的力。不过，他在自己的著作中对这种力进行了推测。

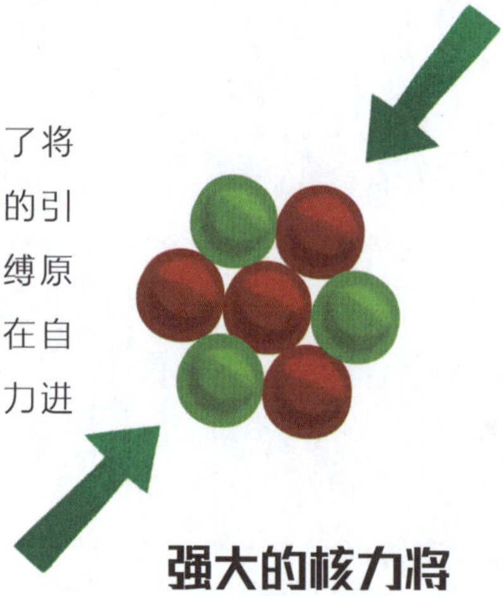

强大的核力将原子核束缚在一起

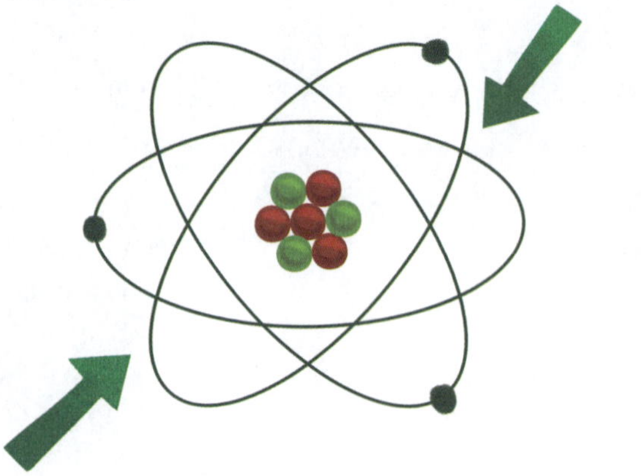

电磁力将原子束缚在一起

牛顿的“炼金”实验

牛顿花了大约30年的时间研究炼金术。他做了很多实验，并针对炼金术写下了约100万字的手稿。但其中很多内容都让人难以理解，因为他用了许多代码和晦涩的符号来表示实验中用到的化学物质。然而，现代的科学家还是重复了牛顿的一些实验，并且发现他的实验结果都是成立的，尽管它们不能生成黄金。

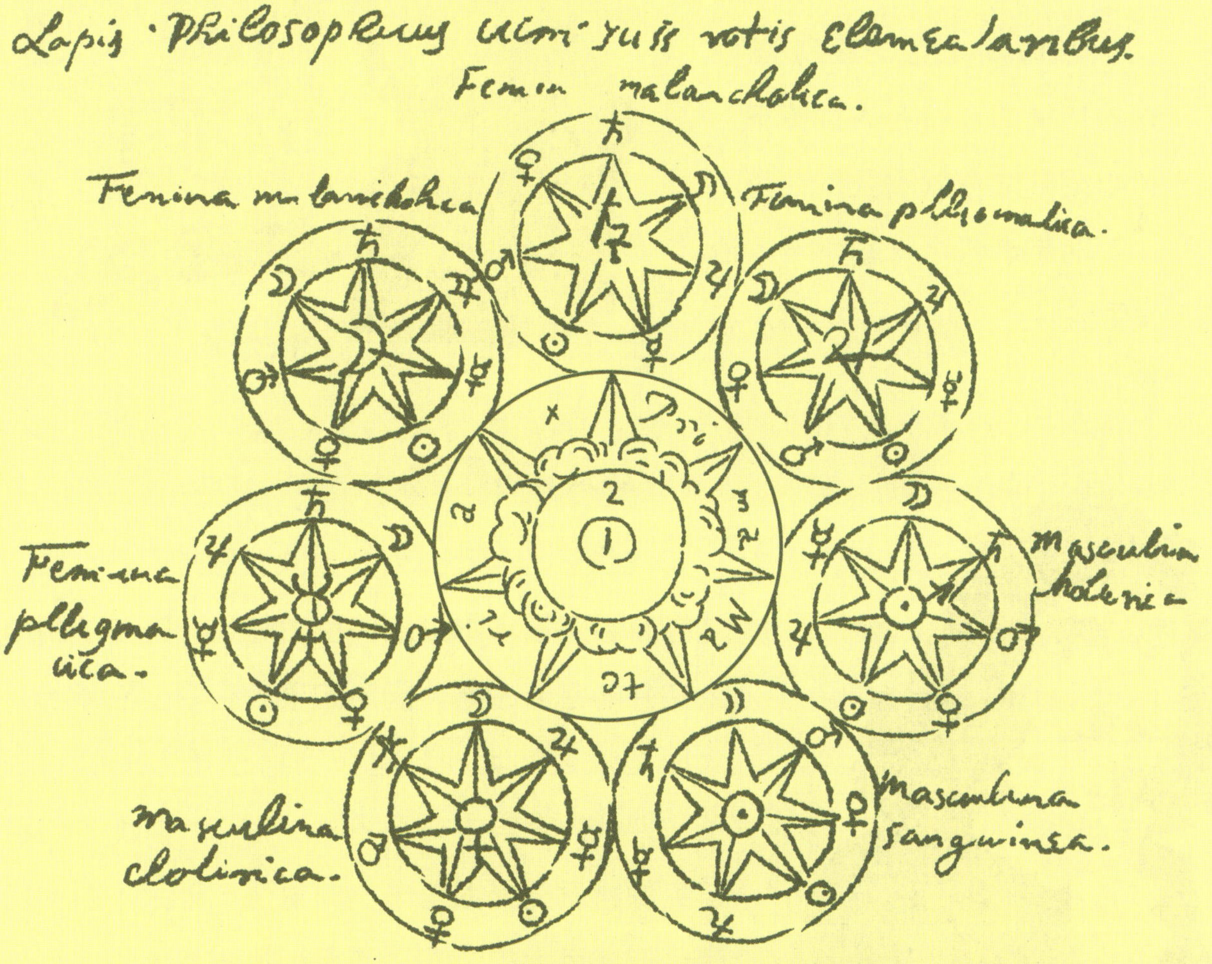

牛顿的“贤者之石”手稿

黄金之外的新成果

虽然炼金师们没能把贱金属变成黄金，但他们的实验确实成功地创造了新的合金、酸和颜料。他们还发明了后来用于制造香水和其他产品的设备。

打开牛顿的“科学百宝箱”

改变世人观念的大胆想法

牛顿在世时就在英国享有盛誉，但很长时间之后，直到18世纪，在他热情的支持者的宣传下，他的科学成就才在欧洲获得认可。支持牛顿的学者包括法国哲学家沙特莱侯爵夫人（1706—1749）和伏尔泰（1694—1778）。

伏尔泰

以太漩涡

18世纪上半叶，大多数欧洲思想家仍然坚持法国科学家笛卡尔提出的引力理论。笛卡尔相信太空并非空无一物，因为如果太空中空空如也，太阳是怎么把其他行星拉到自己周围的呢？相反，他认为宇宙中充满了一种叫作“以太”的看不见的物质。根据笛卡尔的说法，以太不断地旋转，形成巨大的漩涡，使得行星围绕太阳运行。相比牛顿所认为的引力是一种无形的力，并以某种方式作用于远处的物体，在许多欧洲人看来，笛卡尔的观点显然更有道理。

勒内·笛卡尔

演绎法和归纳法

笛卡尔使用了一种叫作“演绎法”的推理方式，也就是基于两个一般事实得出一个具体的结论。举例来说，两个一般事实为：行星围绕太阳运行；没有哪种力能够影响远处的东西。得出结论：在行星和太阳之间一定有某种看不见的物质。

牛顿则同时运用了演绎法和归纳法来得出自己的论断。归纳法可以帮助我们根据具体的事实得出一个一般性结论。通过对苹果的下落过程和月球运行方式的观察，牛顿得出了一个一般性结论，即万有引力定律。

万有引力理论胜出

最终，欧洲科学家们接受了牛顿提出的万有引力理论，因为它解释了笛卡尔提出的理论无法解释的问题，比如行星的轨道为什么是椭圆形的，以及地球上的潮汐是怎么回事。

“如果说我看得比别人更远些，那是因为我站在巨人的肩膀上。”

——艾萨克·牛顿在给罗伯特·胡克的信中如此写道，1675年

时钟一般精确的机械宇宙

牛顿认为宇宙是受理性法则支配的。他提出的运动定律和万有引力定律适用于所有地方，不管是地球还是最遥远的星球都遵循同样的定律，这表明宇宙是一个统一的、机械的整体。牛顿眼中的宇宙具有精确的可预测性和秩序性，就像一个巨大的时钟。

经典力学的局限性

牛顿力学也被称为“经典力学”。自它问世后，就在接下来的200年里占据了科学界的主要地位。按照经典力学的说法，物体在力的作用下按照惯性运动。因此，如果一个物体当前的运动状态是已知的，就有可能推算出它在过去和未来的运动状态。直到19世纪末、20世纪初，经典力学才第一次暴露出它的局限性。它的定律不适用于接近光速的运动，也不适用于原子（化学元素的最小微粒）大小的物体。科学界呼唤新的理论，于是便有了爱因斯坦提出的相对论和量子论，以便形成对宇宙更全面的认知。

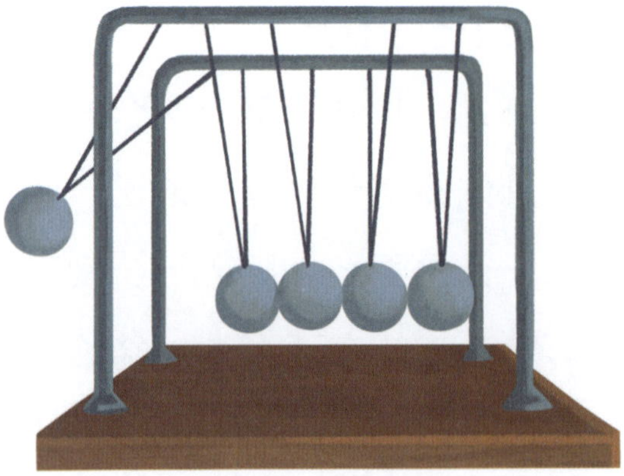

17世纪法国物理学家伊丹·马略特（1620—1684）发明的牛顿摆展示了牛顿第一运动定律。除非被摆动的球击中，否则其他小球会一直保持静止。

启蒙运动

牛顿关于宇宙由理性法则支配的观点后来被称为“牛顿主义”。它引发了一场名为“启蒙运动”的变革，该变革从1680年一直持续到1820年。关于启蒙运动的起止时间仍然存在争议，但《原理》一书的出版通常被认为是这一运动的开端。启蒙思想家提出，知识应该通过运用理性和感官经验来获得。

政治变革

许多启蒙思想家都希望利用牛顿的思想进行一场政治变革。牛顿的机械宇宙观强调了和谐、平衡、稳定与和平的观念，这与当时的政治形势形成了鲜明对比：当时欧洲战事频繁，所有权力都掌握在国王和贵族手中。许多人渴望建立一个基于牛顿提出的理性法则的理想社会，在这个社会中，所有人都可以生活在一套平等的法律之下，自由、平等和自然权利得到保障。

在启蒙运动的推动下，1789年法国大革命爆发，用暴力推翻了君主制。国王和数以千计的贵族被送上了断头台。

破解地球形状之谜

牛顿不仅因为发现了万有引力和运动定律而被人们铭记，还因为他推测出了地球的形状。17世纪末至18世纪初，英国皇家学会和法国科学院就地球的形状发生了争论。双方都认同地球不是标准的球形，但对它的确切形状还存在较大的分歧。

长圆形与扁圆形

在数学家、天文学家乔凡尼·多美尼科·卡西尼（1625—1712）和他的儿子雅克·卡西尼（1677—1756）的影响下，法国人认为地球是长圆形的（两极较长），就像柠檬一样。然而，以牛顿为首的英国人则认为地球是扁圆形的（赤道较宽，两极较平），就像一个橙子。

扁圆形

长圆形

里歇尔的发现

牛顿根据法国科学家让·里歇尔（1630—1696）的发现得出了“地球是扁圆形的”这一结论。1671年，里歇尔去了靠近赤道的法属圭亚那首府卡宴。他发现，与距离赤道更远的巴黎时间相比，当地的时间平均每天慢2.5分钟。牛顿由此推测，地球自转产生的离心力（一种从中心向外推动的力）在赤道处最强。这意味着当我们靠近赤道时，引力一定会减弱，因此地球的中部向外隆起。

两次历史性的远征

为了验证这个结论，1735年，法国科学院发起了两次远征，分别测量地球两极和赤道的曲率。极地远征队前往拉普兰德，赤道远征队前往秘鲁。一年多以后，他们报告了各自的测量结果。事实证明，地球两极的引力比赤道处强0.5%左右。也就是说，地球呈扁圆形，牛顿的推断是正确的。得知这个结果，伏尔泰祝贺这位探险队队长，称他“压扁了地球和卡西尼”。

地球的确是扁圆形的

由于地球的中部隆起，所以赤道表面距离地心的距离比两极距离地心大约远12千米。此外，如果一个体重100千克的人从加拿大北部到刚果，由于两极的引力比赤道处强一点，那么他的体重就会减轻0.5千克。虽然物体的质量保持不变，但由于引力变小了，物体的重量也就减轻了。

日月之下的潮起与潮落

大约每24小时，海平面就会出现两次上升和下降。我们称之为“潮汐”。公元前330年，古希腊探险家皮西亚斯（公元前359—前289年）提出，可能是月球引起了潮汐，但他无法解释原因。后来，多亏牛顿用万有引力定律解开了这个谜团。他解释了潮汐是如何在月球和太阳（在较小程度上）的引力作用下形成的。

皮西亚斯

月球与潮汐

牛顿表示，海洋距离月球最近的部分会受到引力影响，向外膨胀。当膨胀的海水涌到海岸时，海平面就会上升，我们称之为“高潮”。

在地球背对月球的另一边，由于地球在做圆周运动，海洋在离心力的作用下也会发生类似的膨胀。这两次膨胀就解释了为什么大约每24小时就会出现两次高潮。

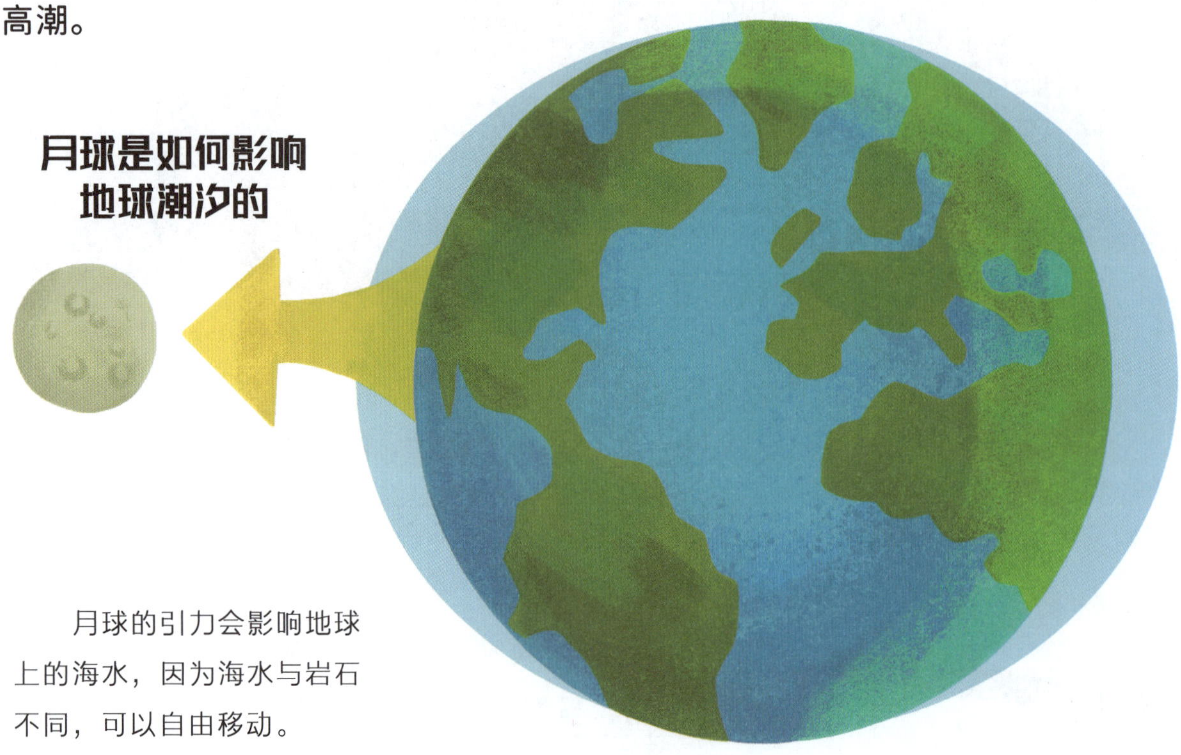

月球的引力会影响地球上的海水，因为海水与岩石不同，可以自由移动。

太阳与潮汐

太阳的质量约为月球的2700万倍，但它与地球的距离是月球与地球距离的390倍。这样一来，太阳对地球的引力效果，以及对地球潮汐的影响力不及月球影响力的一半，约为月球的46%。太阳潮（太阳引起的潮汐）被认为是月潮（月球引起的潮汐）的变体。

大潮和小潮

每到农历初一和十五，太阳、月球和地球就会排成一线。在它们共同的引力作用下，海洋形成一个更大的隆起，我们称之为“大潮”。7天后，太阳、月球和地球的位置关系变成直角，对地球的引力相互抵消，此时潮汐处于最低点，我们称之为“小潮”。

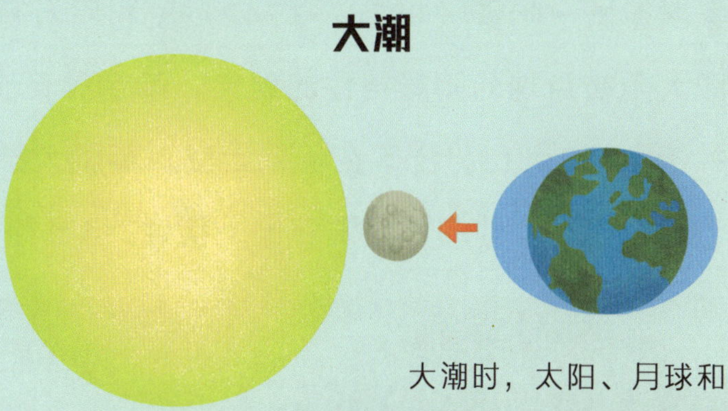

大潮时，太阳、月球和地球排成一线。太阳和月球的引力合在一起，所以潮汐达到了最高点。

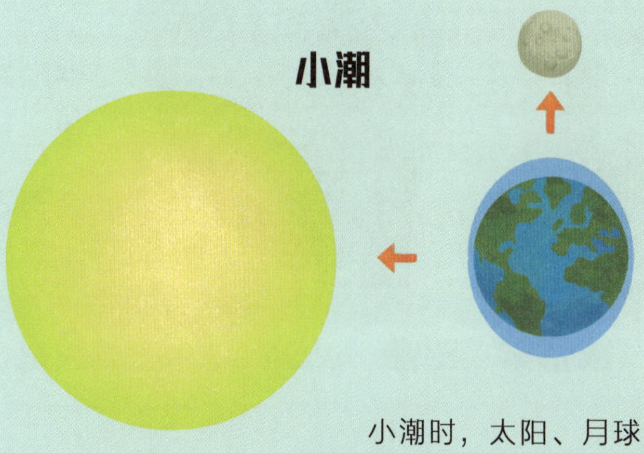

小潮时，太阳、月球和地球的位置关系变成直角。太阳和月球的引力相互抵消，所以潮汐处于最低点。

向更加遥远的太空进发

在天文学和太空飞行方面，牛顿同样做出了巨大的贡献。他提出的运动定律和万有引力定律共同揭示了天体的运行规律；他发明的反射望远镜构成了现代望远镜的基础，使我们能够看到更遥远的太空。

预测日食

牛顿在世时，他提出的万有引力定律就被用来预测天文事件。他的朋友、天文学家埃德蒙·哈雷（1656—1742）就利用万有引力定律第一次准确地预测了日食，即太阳被月球的阴影挡住的现象。哈雷计算出，1715年5月3日将发生一次日食，并于上午9点13分出现在伦敦上空，英国大部分地区的观测者都有机会欣赏到这次奇观。当时，他的预测误差已经精确到4分钟以内。

埃德蒙·哈雷

观测哈雷彗星

1682年，一颗明亮的彗星出现在天空中。哈雷认为它与人们在1607年和1531年观测到的彗星是同一颗。他表示，这颗彗星每隔74~79年就会造访地球一次。根据牛顿提出的万有引力定律，哈雷预测，在1758年，这颗彗星会再次回归。事实证明，他的预测是正确的。于是，这颗彗星就以他的名字命名为“哈雷彗星”。

“彗星的运动非常有规律，它与行星的运动遵循同样的规律……”

——艾萨克·牛顿，《原理》，1687年

发现海王星

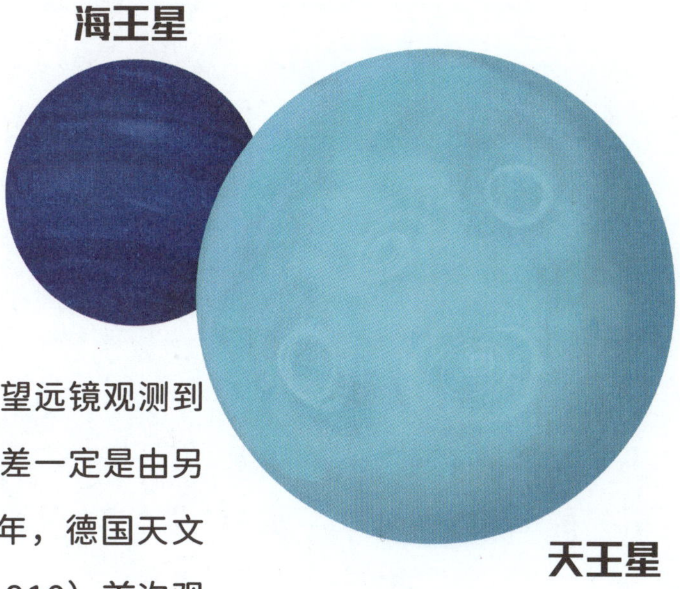

牛顿提出的万有引力定律还帮助人们发现了海王星。1821年，法国天文学家阿列西·布瓦尔（1767—1843）在研究天王星时发现，根据万有引力定律预测的天王星轨道与通过望远镜观测到的天王星轨道存在偏差。他认为这种偏差一定是由另一颗新行星的引力作用造成的。1846年，德国天文学家约翰·格弗里恩·伽勒（1812—1910）首次观测到了这颗神秘的行星，并将其命名为“海王星”。

阿波罗号登月任务

牛顿运动定律在阿波罗号登月任务中得到了应用。例如，科学家运用牛顿第二运动定律来计算飞船在发射过程中加速并冲入太空所需的力。

在月球和火星上，都有以“牛顿”命名的环形山。

改变世界的伟大工程

牛顿提出的运动定律和万有引力定律用数学方法展现了力是如何作用于物体的。工程师在设计建筑物、桥梁、汽车或飞机等设施和设备时必须考虑这些定律中因素的影响，以确保自己的设计能够承受必要的力，做到既安全又实用。

安全气囊

牛顿第一运动定律指出，除非受到外力的作用，否则物体将保持静止或匀速直线运动。在设计汽车安全气囊时，工程师就应用了这一定律。如果汽车发生碰撞，驾驶员将继续向前运动，直到外力——安全气囊产生的力作用在他们身上。安全气囊和安全带能够延长驾驶员从高速运动减速至静止所需的时间。减速的时间越长，作用在驾驶员身上的力就越小，驾驶员严重受伤的概率就越低。

牛顿第三运动定律指出，每一个作用力都有一个大小相等、方向相反的反作用力。对于悬索桥来说，将其向下拉的力等于将其向上拉的缆索的拉力，桥梁因此能保持稳定。

计算应力

牛顿第三运动定律指出，当物体A对物体B施加力时，物体B也对物体A施加了一个大小相等、方向相反的力。在计算连接火车车厢的缆绳上的力或建筑物和桥梁框架连接处的应力（物体由于外因而变形时，物体内各部分之间产生相互作用的内力，单位面积上的内力称为“应力”）时，工程师就会使用这一定律。

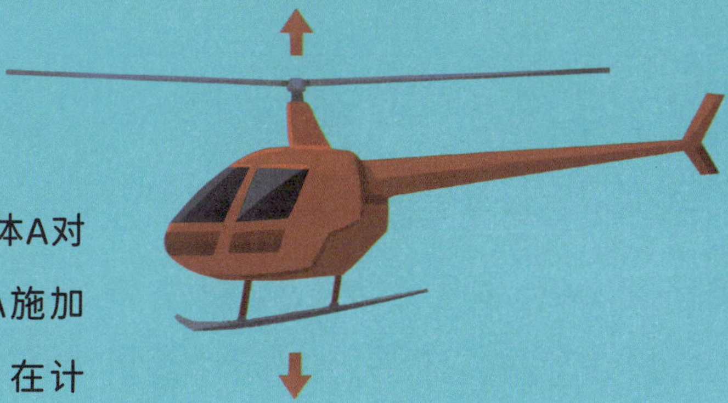

飞行器

工程师运用牛顿提出的万有引力定律和运动定律来计算飞行器克服地球引力所需的升力，包括火箭、飞机或直升机等。同样，在计算导弹到达特定目标所要经过的弹道（路径）时，也必须考虑这些定律。

赛车和火车

牛顿第二运动定律指出，物体的加速度取决于其质量和施加的力的大小。赛车设计师总是千方百计地减轻汽车的质量，因为这样可以增加赛车的加速度。工程师还将牛顿第二运动定律应用于火车的设计，利用这一定律来计算拉动一组特定质量的车厢所需的力。

像科学家一样有逻辑地思考

除了许多伟大的发现之外，牛顿还发明了一种至今仍在使用的科学方法。早在牛顿之前，就有人进行过科学实验，比如13世纪的英国哲学家罗杰·培根（1220—1292）。然而，首次提出将实验纳入得出科学结论的系统方法中的人就是牛顿。

从问题到理论

牛顿所使用的方法包括5个基本环节。第一步，提出问题；第二步，进行相关研究；第三步，提出一个理论设想；第四步，利用实验来检验该设想，并仔细记录实验结果；第五步，详述这个实验，以便其他科学家可以重复实验过程中的每一个步骤。这种方法兼顾了理论与实验，是科学研究方法的典范。在对光和颜色进行的研究中，牛顿就使用了这种方法。

提出问题

进行相关研究

提出设想

验证设想，得出结论

详述实验过程

探究声音的速度

牛顿发明的科学方法应用于实践的典型案例之一就是1686年测量声速的实验。他不仅是第一个测量声速的人，而且还准确地记录了测量过程。牛顿拥有了一种理论设想（计算声速的公式）和一套实验方法，于是他在剑桥大学三一学院的一条有棚廊道上进行了实验。他拍了拍手，测出声音传到他耳朵里需要多长时间。但由于他使用的是钟摆，计时不准确，且公式中出现了一个小错误，他的实验数据存在大约15%的误差。

“这种分析包括实验和观察，并通过归纳法从中得出一般性结论。”

——艾萨克·牛顿，《光学》，1704年

推理规则

在《原理》一书中，牛顿提出了科学推理的4条规则：

1.导致一种现象（观察到的事物）的最简单原因往往就是真理。

2.在不同情况下出现的相同现象通常拥有相同的原因（例如，行星和卫星的轨道形成是出于相同的原因，即引力的作用）。

3.适用于整个地球的理论也一定适用于整个宇宙（如牛顿运动定律）。

4.某个实验得出的结论在被另一个实验推翻之前，都应被认为是正确的。

用新思想不断探索未知领域

令人捉摸不透的时空

牛顿用他的发现推动了科学的发展，但这并不代表他的所有观点都正确。在这一部分，我们将根据今天世人对宇宙的了解来回顾牛顿犯过的一些错误。

绝对时空观

牛顿秉持着绝对时空观。换句话说，他认为即使宇宙中没有物体，空间也会存在；即使没有事件发生，时间也会存在。在牛顿看来，无论你身在宇宙何处，空间和时间都是不变的。时间以不变的速度流逝，空间也始终不变，它们都不受其中物体的影响。

在牛顿的观念里，空间就像一个看不见的盒子，物体都存在于其内部。物体既不会影响盒子，也不会受到盒子的影响。牛顿认为，哪怕拿走物体，盒子仍在那里。

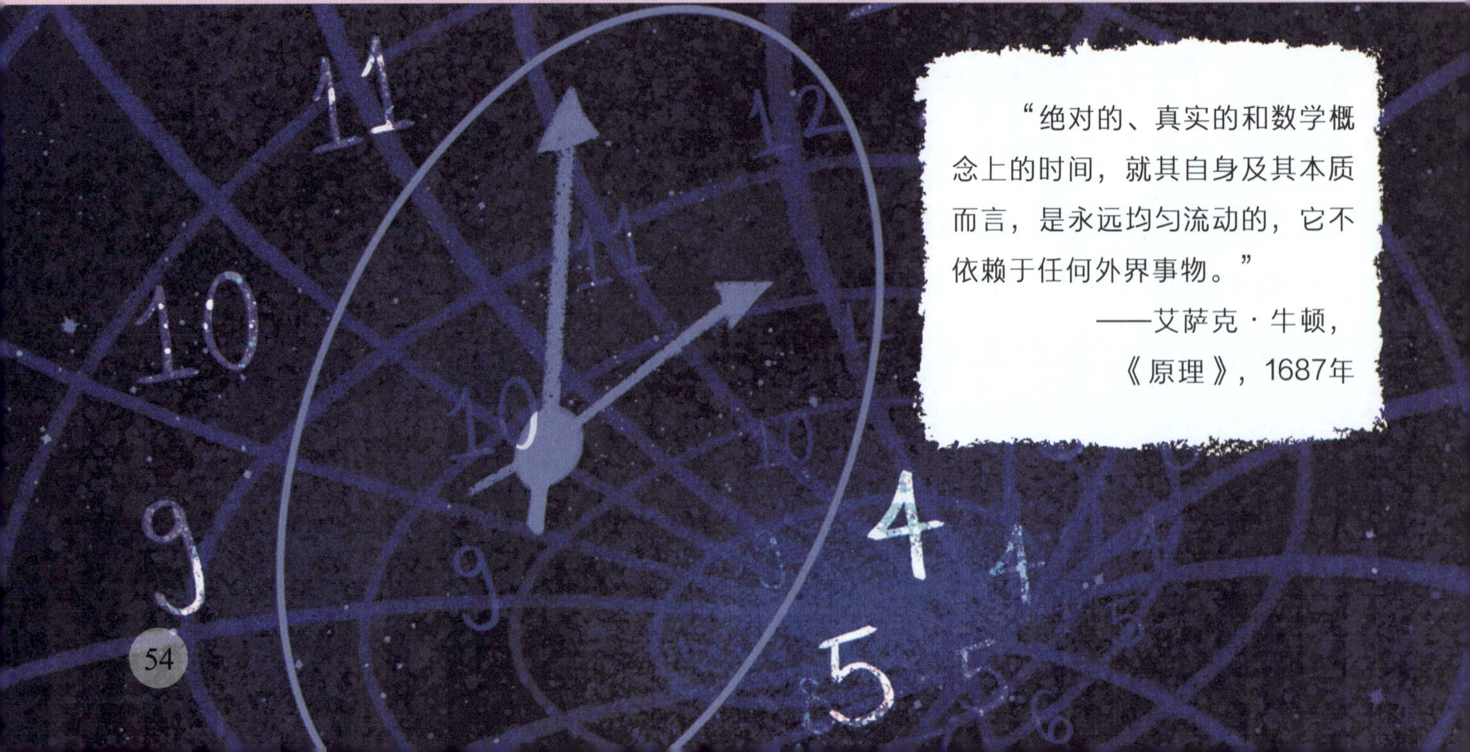

“绝对的、真实的和数学概念上的时间，就其自身及其本质而言，是永远均匀流动的，它不依赖于任何外界事物。”

——艾萨克·牛顿，

《原理》，1687年

狭义相对论

1905年，德国科学家阿尔伯特·爱因斯坦（1879—1955）提出了一个新的理论，推翻了牛顿关于绝对时空的观点。爱因斯坦用狭义相对论证明了光速恒定，在真空中的传播速度约为每秒30万千米，且无论怎么测量，该数值都是一样的。所以，无论你静止不动，还是以每秒299 000千米的速度运动，光束总是以相同的速度从你身边经过。爱因斯坦意识到，时间和空间只有随着我们的速度改变而发生变化，才能支撑这一结论。当一个人的运动速度接近光速时，在静止不动的观察者看来，运动者的时间一定会变慢，运动物体的长度也一定会缩短。

当某人乘坐宇宙飞船以接近光速的速度飞行时，对一位静止不动的观察者来说，他会发现飞行者乘坐的宇宙飞船上的时钟变慢了，在行进方向上飞船似乎也变短了。

爱因斯坦是对的

已经有许多实验证明，爱因斯坦的狭义相对论是正确的，它证明了空间和时间变化因人的运动速度而异。换句话说，空间和时间并不像牛顿认为的那样是绝对的，而是相对的。我们之所以没有感受到这一点，是因为在正常速度下，时间的减慢和物体的缩短幅度是非常微小的。只有当我们接近光速时，这种变化才会表现得很明显。

时空竟能发生扭曲

牛顿认为，引力是存在于所有有质量的物体之间的一种吸引力。他提出的万有引力定律解释了从月球运行轨道到苹果掉落至地面等众多现象。然而，该理论也存在一些谜团。例如，水星的运行轨迹就并不完全遵循牛顿运动定律。最终，爱因斯坦根据新的引力模型解开了这一谜题。

阿尔伯特·爱因斯坦

时空扭曲

在1915年发表的广义相对论中，爱因斯坦提出，引力不是一种吸引力，而是有质量的物体引起空间和时间扭曲的结果。他表示，空间和时间并非独立存在，而是一体的，我们称其为“时空”。而引力只是时空扭曲的表现。

水星的奇特轨道

每绕太阳公转一周，水星的近日点（水星轨道上距离太阳最近的点）都会向太阳靠近一些，其偏移距离大约是牛顿预测的2倍。爱因斯坦指出，在水星运行的部分轨道上，水星会落入太阳的“引力井”——一个时空上的严重凹陷。这就是为什么每次公转，水星的近日点都会偏移这么多。

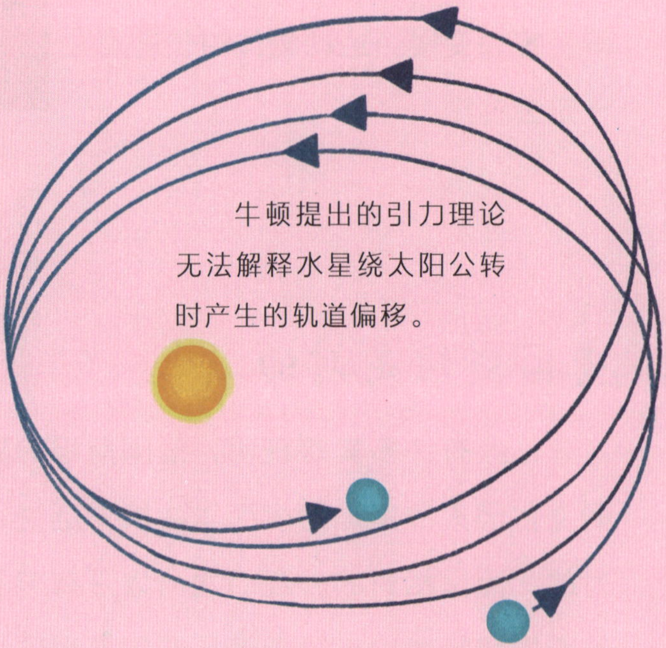

牛顿提出的引力理论无法解释水星绕太阳公转时产生的轨道偏移。

恒星的光发生偏转

牛顿认为空间和时间是绝对的，不受穿过其中的物体的影响。爱因斯坦用广义相对论证明了这种观点是错误的。物体确实会影响时空，因为它们的质量会让时空发生扭曲。1919年，英国天文学家亚瑟·爱丁顿（1882—1944）在日食期间拍摄到的恒星照片证明了这一点。后来的研究表明，是太阳对时空的扭曲导致这些恒星发出的光发生了偏转。

爱因斯坦让我们把时空想象成一张有弹性的橡胶垫。具有质量的物体停留在橡胶垫上时，就会让橡胶垫的表面产生凹陷。时空扭曲恰好能解释为什么月球绕着地球转。

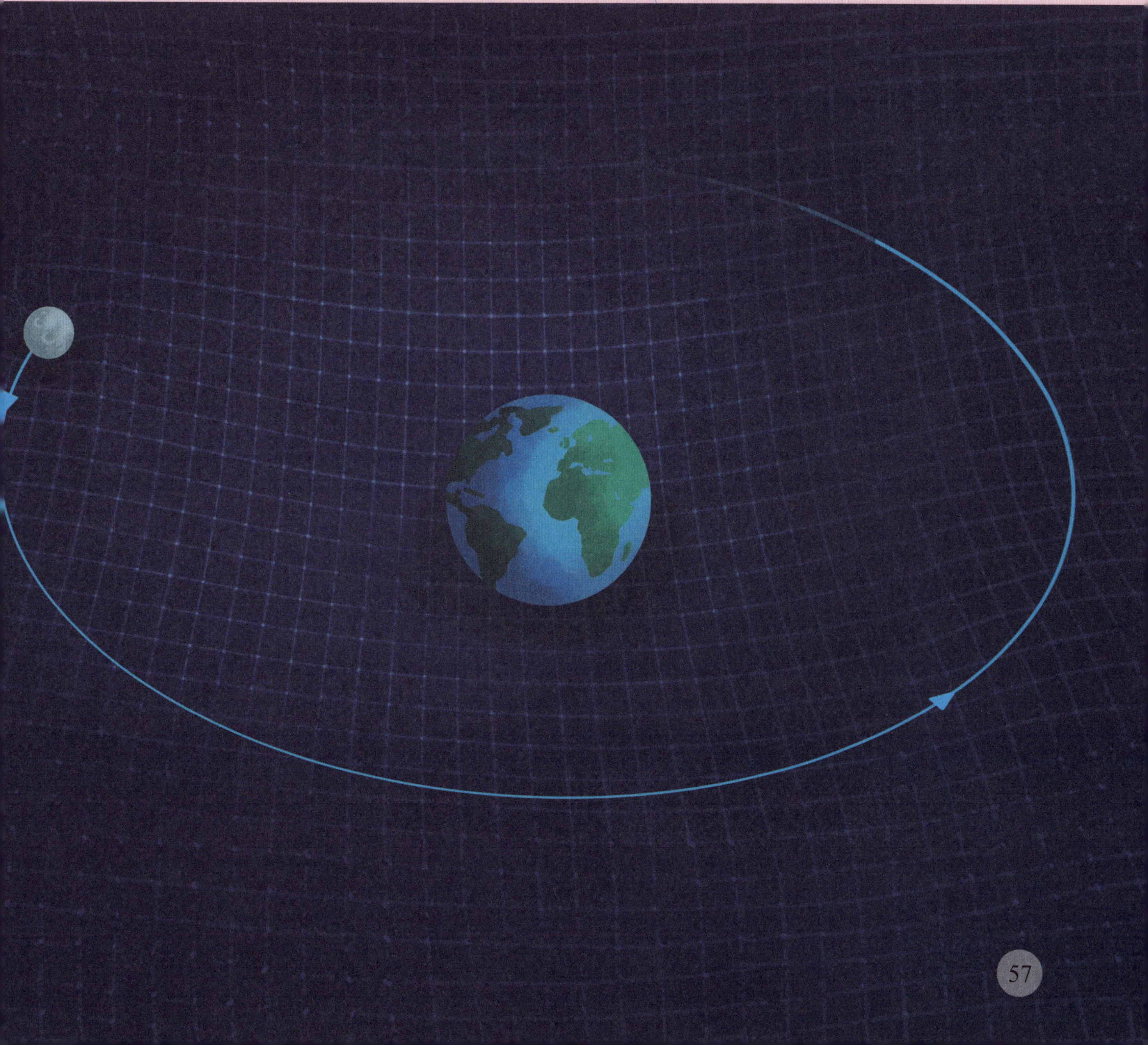

量子层面的新世界

牛顿信奉因果宇宙论，即在宇宙中，力使物体按照可预测的方式运动。然而，在20世纪初，科学家们发现，在非常微小的原子层面上，即量子层面上，一切都变得非常难以预测。牛顿物理学或经典力学在这个层面上完全站不住脚，另一套完全不同的理论便发展了起来。

光的性质

1801年，英国物理学家托马斯·杨（1773—1829）进行了著名的双缝实验，证实了光的波动性质。这似乎与牛顿提出的“光由粒子组成”的理论相矛盾。然而，1905年，爱因斯坦表明，光确实是由粒子组成的，这种粒子后来被称为“光子”。原来光既有波的性质，也有粒子的性质。

在双缝实验中，光束通过两个平行的狭缝照射到屏幕上。屏幕上的图案有类似水波的条纹，这似乎证明了光是一种波。

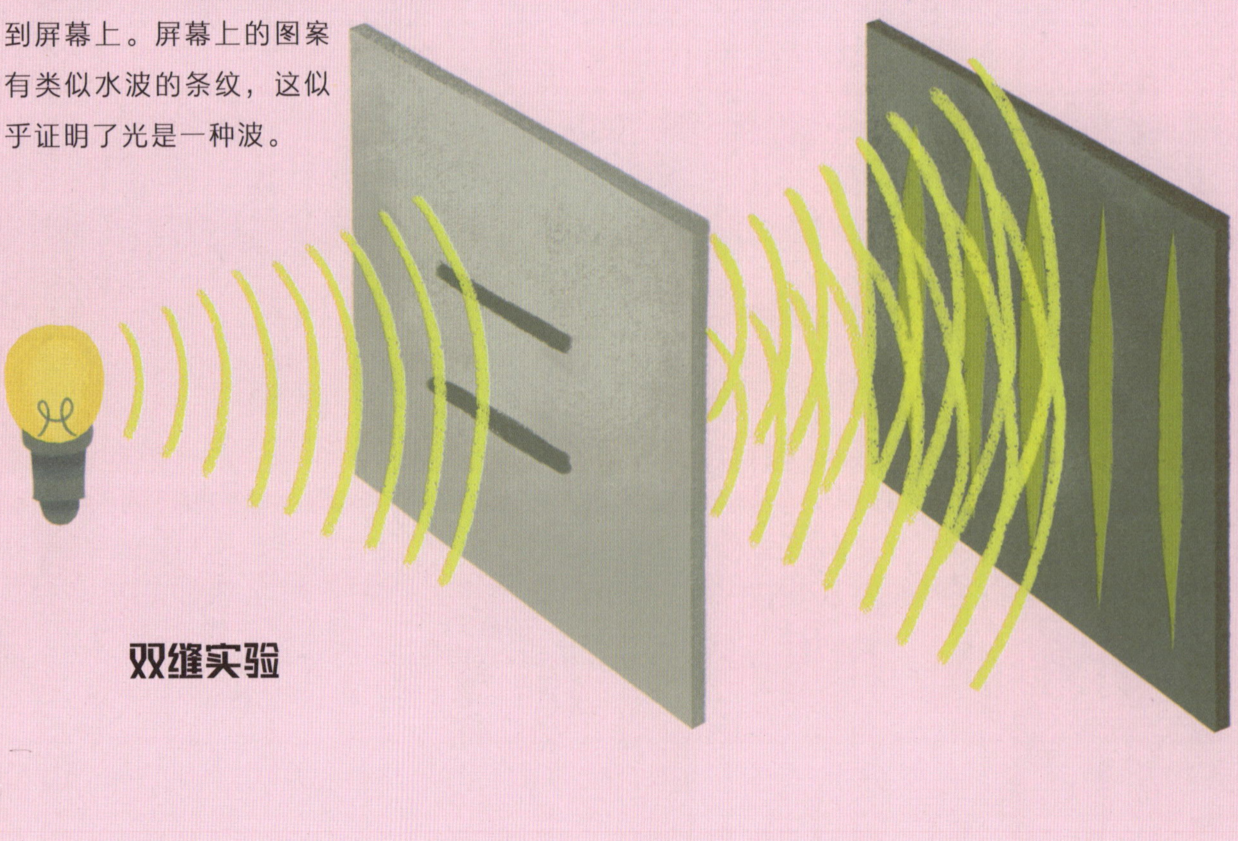

双缝实验

物质波

20世纪20年代，物理学家发现，在量子水平上，物质也可以表现得像波。电子是围绕在原子核周围的负粒子。奇怪的是，只有人们加以观测时，才能得到电子在空间中的位置；不观测的时候，它们的位置就是模糊和不确定的，如同波一样。

“所有物质似乎都是由坚硬的实心粒子组成的。”

——艾萨克·牛顿，

《光学》，1704年

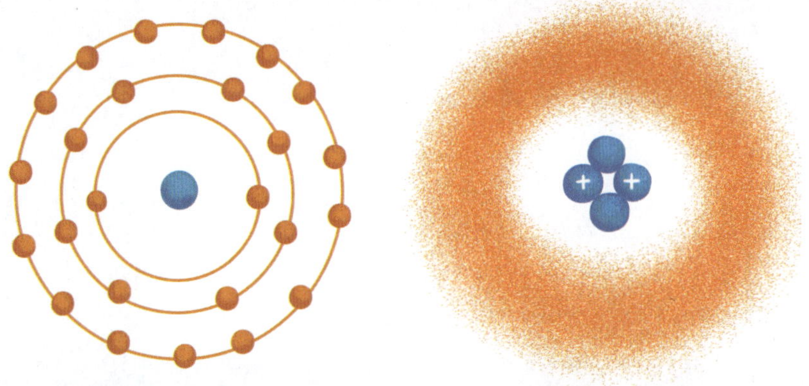

传统原子模型　　新原子模型

传统原子模型认为电子像行星一样围绕着原子核旋转，这并不正确。事实上，原子核被电子云包围着。我们不能同时确定电子的位置、速度和方向。

薛定谔方程

1926年，奥地利物理学家埃尔温·薛定谔（1887—1961）创建了一个方程，从数学角度描述了电子的波动性质。薛定谔方程对于量子学的重要程度，就像牛顿提出的万有引力定律和运动定律在经典力学中的地位一样。不过，牛顿提出的定律并没有被量子论所取代——它在苹果和月球等更大物体的层面上仍然有效。

埃尔温·薛定谔　　路易·德布罗意　　沃纳·海森堡

20世纪20年代，沃纳·海森堡（1901—1976）和路易·德布罗意（1892—1987）推动了量子论的发展。

关于引力的未解之谜

牛顿发现了万有引力定律，但他表示他也不知道万有引力到底是什么，也不知道是什么引起了万有引力。爱因斯坦解释说，引力属于简单的几何学范畴，它是有质量的物体扭曲时空的结果。然而，现在有关引力的研究领域仍存在许多未解之谜。

探秘黑洞

宇宙中有些地方的引力特别强大，连爱因斯坦提出的广义相对论也不起作用。当一颗恒星的生命走向尽头时，它会在自身引力的作用下坍缩，形成一种叫作“黑洞”的东西。黑洞的引力十分强大，能把周围的一切都吸进去，甚至连光都无法逃脱。在黑洞的中心，时间停止了，三维空间融为一体，一切都被压缩成一个无限小而密度极大的点，称为“奇点”。

寻找统一理论

200多年来，牛顿提出的定律一直在物理学界占据主导地位。自20世纪初以来，物理学界又出现了两种新的理论。广义相对论在更大的维度上描述宇宙，其中的主要力量是引力。量子论在微小的维度上描述宇宙，其中的3种力分别是电磁力、强核力和弱核力。这几种力貌似是“块状”的（它们由粒子或块状物携带），而引力似乎是“平滑的”（它是由质量和能量而非粒子引起的时空扭曲）。科学家们正在尝试寻找一个单一的统一理论来描述所有维度的宇宙。

真理之海

人类对万有引力或者说宇宙运行的了解还远远不够。牛顿很谦虚地认识到了这一点。他曾说过：“我像是一个在海边玩耍的孩子，不时为拾到比平常见到的更光滑的石子或更美丽的贝壳而欢欣鼓舞，而展现在我面前的，是完全未曾探明的真理之海。”

目前已知的宇宙中的物质不足以解释所有的引力现象。一些科学家认为一定存在一种看不见的物质——暗物质，使星系免于分裂。

术语表

引力：通过时空扭曲导致有质量的物体被拉向彼此的力。

力：在物理学中，力指的是任何能改变物体运动方式或使静止物体产生运动的外因。

轨道：物体围绕恒星、行星或卫星运行的弯曲路径。

质量：一个物体所包含物质的量。

物理：研究物质和能量的性质与特性的学科。

天体：太空中的物体，如恒星、行星、卫星、小行星等。

公式：实现某目标的方法或步骤。

天文学家：研究空间、天体和整个宇宙的科学家。

以太：一种无形的物质，曾经被认为充满了所有空间。

棱镜：一种透明的物体，通常呈三角形，可以将白光折射成组成它的7种颜色的光。

静止：不发生运动。

微积分：数学的一个分支，可以计算变化和运动的速率。

光学：研究视觉和光的作用方式的科学。

透镜：一面弯曲的玻璃镜片，可聚焦或散射光线，用于制作望远镜、放大镜和眼镜。

自然哲学：科学的旧术语。

炼金术：早期阶段的化学研究。炼金术士试图将贱金属（如铁）炼成黄金，并尝试炼制让人长生不老的“仙丹”。

加速度：描述物体速度变化快慢的物理量。

平方：在数学中，一个数乘以它本身的得数。例如，9是3的平方。

反比：变化方式与之相反。

方程：表示两项数学运算结果相等的式子，用符号“=”连接，例如$F = ma$。

光子：光的粒子。

放大：使物体看起来更大，例如通过望远镜来观察。

扭曲：弯曲、弯折或变形。

原子：化学元素的最小微粒。

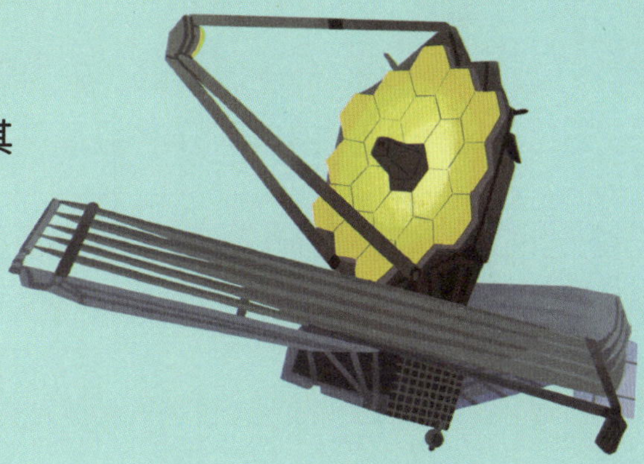

太阳系：由太阳、行星和围绕太阳运行的其他天体构成的系统。

相对论：由于观察者的相对运动，空间、时间、重力等事物发生相对变化。

理性法则：基于理性或逻辑的研究。

赤道：地球中部有一个假想的圆圈，该圆圈与南北两极的距离相等。

曲率：物体弯曲的程度。

日食：月球遮挡住太阳光线的天文现象。

彗星：冰物质和尘埃构成的天体。当它靠近太阳时，会形成一条由气体和尘埃粒子构成的彗尾，彗尾的方向背对太阳。

科学方法：通过观察、测量、实验等环节，得出科学结论的过程。

绝对：独立存在，与其他事物无关。

电子：带负电荷的次原子粒子，存在于所有原子中。

量子力学：研究次原子粒子的运动和相互作用的科学分支。

几何：数学的一个分支，研究点、线、面和立体的性质和关系。

著作权合同登记号：图字：02-2025-055

图书在版编目（CIP）数据

牛顿的万有引力定律 / (英) 迈克尔·利奇 (Michael Leach)，(英) 梅里埃·兰德 (Meriel Lland)，(英) 亚历克斯·伍尔夫 (Alex Woolf) 著；(哥伦) 朱安妮塔·隆多诺·加维里亚，(墨) 葆拉·萨穆迪奥绘；李小平，韩雪婷，金凯译. -- 天津 : 天津科技翻译出版有限公司，2025. 5. -- (科学家的故事). -- ISBN 978-7-5433-4696-3

Ⅰ. K835.616.11-49；O314-49

中国国家版本馆CIP数据核字第2025YT3780号

出　　版：天津科技翻译出版有限公司
出 版 人：方　艳
地　　址：天津市和平区西康路35号
邮政编码：300051
电　　话：（022）87894896
传　　真：（022）87893237
网　　址：www.tsttpc.com
印　　刷：天津中印联印务有限公司
发　　行：全国新华书店
版本记录：889mm × 1194mm　16开本　16印张　180千字
2025年5月第1版　2025年5月第1次印刷
定价：158.00元（全4册）

BIG IDEAS FOR CURIOUS MINDS

科学家的故事 2

THE EXTRAORDINARY IDEAS OF LEONARDO DA VINCI

达·芬奇的奇思妙想

[英] 迈克尔·利奇（Michael Leach） [英] 梅里埃·兰德（Meriel Lland） [英] 亚历克斯·伍尔夫（Alex Woolf）◎著
[哥伦] 朱安妮塔·隆多诺·加维里亚（Juanita Londoño-Gaviria） [墨] 葆拉·萨穆迪奥（Paula Zamudio）◎绘　李小平　韩雪婷　金凯◎译

天津出版传媒集团
天津科技翻译出版有限公司

目 录

CONTENTS

引言

走在时代之前的旷世奇才

发明家的“上天入海”之梦

因战争而诞生的精妙武器

“脑洞大开”的趣味发明

艺术与科学的璀璨成就

打开达·芬奇的“科学百宝箱”

引 言

多才多艺的文艺复兴人

列奥纳多·达·芬奇（1452—1519）是历史上最伟大的艺术家之一，同时他也是一位杰出的科学家、建筑家、作家、音乐家、工程师和发明家。他知识渊博、多才多艺，被誉为“人类历史上最有天赋、最聪明的人”。

列奥纳多·达·芬奇

重拾古典

达·芬奇是欧洲文艺复兴的领军人物。文艺复兴始于14世纪，一直持续到17世纪，是中世纪结束和近代开始的标志。“文艺复兴”一词的英文“Renaissance”源自法语，意思是“重生”。文艺复兴时期，人们开始重新发掘和研究古希腊和古罗马时期的思想。在这种环境的影响下，科学、艺术、建筑和音乐全面复兴。达·芬奇几乎一生都生活在意大利，而文艺复兴也起源于意大利，后来又传播到了欧洲各地。

以人为中心

文艺复兴的核心是人文主义。人文主义者认为，人是宇宙的中心；人的发展是无限的；人应该多学习知识，充分发挥自己的才能。那些在多个领域施展才能的人被称为“文艺复兴人”，达·芬奇就是“文艺复兴人”的最佳典范。

年轻的达·芬奇在画图

艺术与科学

达·芬奇在世时因其出色的艺术天赋而闻名，在他去世后的几百年里亦是如此。在他的作品中，画作《蒙娜丽莎》和《最后的晚餐》尤其著名。实际上，除了艺术家，达·芬奇还拥有其他身份。达·芬奇一生书写了几千页的笔记，笔记的内容广泛，涵盖多个科学话题。然而，直到19世纪这些笔记才得到广泛关注。因此，达·芬奇不仅是一位著名的艺术家，还是一位备受尊重的科学家。

出色的发明天赋

达·芬奇还在笔记本上匆匆记录了自己的发明灵感，其内容十分超前，令人惊叹。下面让我们一起来看看达·芬奇的发明天赋究竟有多厉害吧！

达·芬奇的笔记

领先当下的超前思想

达·芬奇在世时还未成为知名的发明家，因为他的思想实在是太超前了，几乎没有人能理解。在达·芬奇生活的15世纪至16世纪，制造他所构想的发明所需的工具和技术尚未诞生，它们在几百年后才出现。

畅想未来世界

达·芬奇在笔记、草图中勾勒了一个未来世界，这个世界里有汽车、飞机、直升机、潜水员、潜水艇、机器人和坦克。可以说，他“创造”了20世纪的世界！但是，他的构想与当时的实际情况不相符。由于驱动他许多发明的动力当时还没有出现，这些精彩的发明只能停留在构图阶段。

动力源的限制

在达·芬奇所处的时代，动力源种类有限。当时的人们还在依靠人力建房子、搬重物、种庄稼，借助马、骡子和牛的力量出行、运输货物，并且令动物拉动踏车来打水或吊起重物。

马车

热能、风能和水能

木柴和木炭提供了一种能源——热能，这种能源可以用来取暖和做饭。风能推动帆船在海上航行，也能使风车转动来打水和研磨玉米。流动的河水令水车转动，为各种工业活动提供动力，如锯木材、造纸和织布。

合适的能源还未出现

达·芬奇的许多发明所需的能源要比热能、风能和水能更强劲、更灵活、更高效。但是，这种能源在许多年之后才出现。18世纪至19世纪发明出来的蒸汽机、电动机和内燃机动力十分强劲，移动起来也非常灵活。如果达·芬奇能够使用蒸汽、电力和液体燃料，那么他的奇思妙想早就变成现实中可使用的机器啦！

走在时代之前的旷世奇才

极具天赋的画室学徒

1452年4月15日，达·芬奇出生于意大利的芬奇镇附近，这里离佛罗伦萨不远。他的父亲名叫皮耶罗·达·芬奇，是一名律师；母亲名叫卡特琳娜·迪·梅奥·利皮，是一名农妇。

童年生活

达·芬奇是怎么度过童年的？他居住在哪里？对于这些问题，我们知之甚少。据说他的父母没结婚就生下了他，所以他算是私生子，不太可能跟着父亲去佛罗伦萨生活。他年幼时跟母亲一起住在芬奇镇，5岁开始和祖父安东尼奥·达·芬奇一起生活。达·芬奇出身卑微，根据当时的社会习俗，他只学习了基本的读写技能和数学知识。

少年达·芬奇

安德烈亚·德尔·韦罗基奥

乐当学徒

达·芬奇14岁左右的时候，全家搬到了佛罗伦萨。那时的他便展露出一定的艺术天赋，于是便借助父亲的人脉进入了安德烈亚·德尔·韦罗基奥的工作室打杂。韦罗基奥是当时佛罗伦萨顶尖的画家、雕塑家。17岁时，达·芬奇正式成为韦罗基奥的学徒。

天赋过人

在韦罗基奥的工作室里，学徒们要绘制大量的画作。达·芬奇的身边都是才华横溢的艺术家，他们教会了达·芬奇很多技能，包括素描、绘画、雕塑、金属工艺、石膏铸造、机械制造、木工技术等。渐渐地，达·芬奇的才能得到了外界的关注。据说，他在盾牌上画了一只令人印象深刻的怪兽，后来这面盾牌被米兰公爵看中并买走了。

文艺复兴时期艺术家的工作室

前途无量

1472年，达·芬奇获得了佛罗伦萨画家行会的认可，成为该行会的会员。但是，他还是继续跟着韦罗基奥学习了5年。之后，他在佛罗伦萨成立了工作室，确认了自己独立画家的身份。这一时期，达·芬奇的许多作品都是关于军事武器和各种机器的，可以看出，他在科学职业生涯的早期就展现出了对科技的浓厚兴趣。

踏进艺术与工程的精彩世界

1482年，达·芬奇移居米兰，为米兰公爵卢多维科·斯福尔扎工作。此时，多才多艺的达·芬奇已名声在外。公爵给他分配了很多任务，既要他画画、做雕塑，又要他策划宫廷盛宴，还经常向他请教建筑、防御工事和工程项目方面的问题。

达·芬奇向米兰公爵展示自己的设计方案

在米兰进行创作

达·芬奇在米兰创作了许多著名的作品。1483年至1486年间，他创作了祭坛画《岩间圣母》。1495年至1498年间，他在圣玛利亚感恩教堂餐厅的一面墙壁上创作了《最后的晚餐》。为了纪念米兰公爵的父亲弗朗切斯科·斯福尔扎，达·芬奇花费12年的时间打造了一尊高达5米的巨马雕像。当时，他完成了雕像的黏土模型，准备把它铸成青铜的。然而，由于战争迫在眉睫，达·芬奇原本要用来铸造雕像的青铜被用于制造大炮，这一计划便未能完成。

在威尼斯进行设计

1499年，法国入侵米兰，米兰公爵卢多维科下台。此后不久，达·芬奇离开米兰，搬到了威尼斯。在威尼斯，他受聘担任军事建筑师兼工程师。他设计了各种武器来抵御敌人的海上进攻，以保卫威尼斯。1502年，达·芬奇效力于当时掌权的切萨雷·波吉亚公爵，并受其委托，绘制了一张伊莫拉城的地图。达·芬奇所绘的伊莫拉城地图非常精确，即使到了今天，它也照样能为人们在伊莫拉城中导航。

达·芬奇的巨马雕像原计划设计成这样

荣归故里

1503年，达·芬奇回到故乡佛罗伦萨。在这里，他受到了人们的热烈欢迎。紧接着，他受到委托，要为领主宫创作一幅巨大的壁画，名为《安吉里之战》。达·芬奇花费3年的时间来创作这幅壁画，可惜最后没有完成。他还着手创作自己最知名的画作《蒙娜丽莎》，直到晚年仍在创作这幅画。忙碌之余，爱折腾的达·芬奇喜欢钻研科学，研究人体解剖学、鸟类飞行和水文学（一门研究水的科学）。

达·芬奇在画《蒙娜丽莎》

充实而忙碌的晚年时光

1506年，达·芬奇重新回到了米兰。当时的米兰已被法国占领，米兰总督是一位法国人，名叫查尔斯·德安布瓦兹，达·芬奇就为他效力。在米兰的那段时间，达·芬奇没怎么画画，而是为查尔斯提供建筑方面的建议，同时继续研究科学、数学、光学、地质学和植物学。

在罗马生活

朱利亚诺·德·美第奇

1513年，米兰政治动荡，达·芬奇被迫再次搬家。这一次他去了罗马，效力于教皇利奥十世的兄弟朱利亚诺·德·美第奇。朱利亚诺为达·芬奇提供了一套位于梵蒂冈的房子，还每月给他发津贴。

这一时期，拉斐尔和米开朗基罗这些艺术家极为活跃，他们忙于教皇分配给自己的任务。达·芬奇没有被安排负责重大的艺术项目，因此他仍然忙着做科学研究。他在梵蒂冈家中的花园里解剖尸体，并研究植物学。1514年，朱利亚诺下令排干庞廷沼泽，于是达·芬奇绘制了庞廷沼泽的地图，其内容令人惊叹。美第奇家族想在佛罗伦萨修建一座新宫殿，达·芬奇便绘制了宫殿的建筑设计图，但这一项目从未动工。

在法国定居

1516年，法国国王弗兰西斯一世请达·芬奇为自己效力。于是，65岁的达·芬奇离开了意大利。这是他第一次，也是唯一一次出国——这也是最后一次。他和自己最忠实的学徒弗朗切斯科·梅尔齐一起在克卢城堡定居，这里也就是现在的克洛吕斯城堡。这座法式大城堡和位于卢瓦尔河谷的国王避暑行宫——昂布瓦斯城堡离得不远。

达·芬奇在绘制庞廷沼泽地图

成为国王的好友

弗兰西斯国王十分敬重达·芬奇，二人成了亲密的朋友。达·芬奇被授予“国王首席画家、建筑师和工程师”的头衔。他在法国很少画画，只创作了一系列描绘自然力量的画作，画中场景令人惊心动魄，该系列作品名为《世界末日的幻想》。大部分时间达·芬奇都在整理和校订自己的科学论文。他为国王的母亲设计了一座带花园的宫殿，还为某次宫廷庆典制作了一只机械狮子。1519年，达·芬奇疑似因脑卒中而在家中去世，享年67岁。

一日充实，可以安睡；一生充实，可以无悔。

——列奥纳多·达·芬奇，《达·芬奇笔记》

记录奇思妙想的“手稿达人”

早在15世纪80年代初，达·芬奇就开始在纸上记录自己的奇思妙想。他不断观察周围的世界，基本上每天都会写文字、画草图。他总共撰写了大约13 000页密密麻麻的笔记，笔记的内容十分丰富，涵盖科学、工程、艺术等多个话题。

达·芬奇的其中一本笔记

达·芬奇在画机械草图

兴趣广泛

达·芬奇的笔记展现出他广泛的兴趣。他的笔记内容包罗万象：有科学观察和理论、新奇的机械设计、关于未来构想的草图、人类面部与情绪研究、建筑设计、人体解剖学、岩石构造和旋涡的相关知识，还有一些平凡、琐碎的日常记录，比如购物清单，甚至还有欠自己钱的人的名字。

达·芬奇用镜像法写字

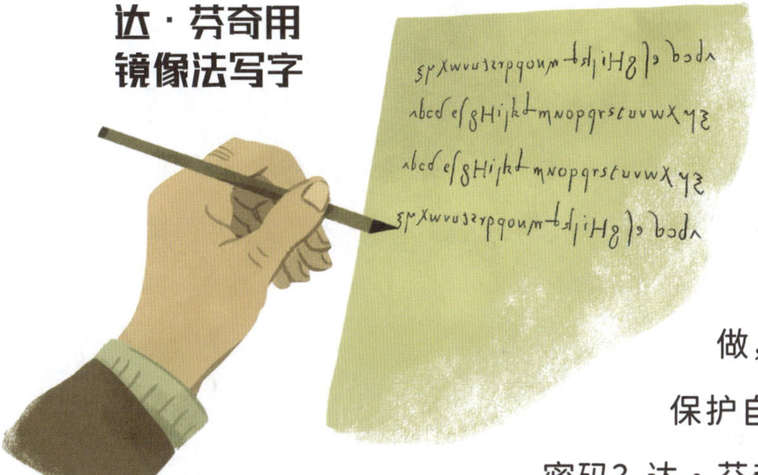

用镜像法书写

达·芬奇的大部分笔记都是用镜像法书写的，也就是从右向左书写，而且每个字母都是左右颠倒的。关于他为什么这么做，我们不得而知。难道这是他为了保护自己的创意不被别人偷走而设置的密码？达·芬奇这么聪明，要是真想设置密码的话，肯定会想到更复杂的方法吧！也许只是因为他是左撇子，左手写字更顺手，所以才这样做。

被遗忘的财富

达·芬奇一直希望有朝一日自己的手稿能出版。他去世后，这些手稿都留给了他的学生梅尔齐。也许梅尔齐被艰巨的整理任务吓到了，便没有处理这些手稿。毕竟，这些手稿有成千上万页，主题繁多、排列杂乱，让人无从下手。1570年，梅尔齐去世后，这些手稿传给了他的儿子奥拉齐奥。奥拉齐奥把这些手稿都放在了阁楼上，渐渐忘记了它们的存在。

手稿重现受景仰

17世纪，人们对达·芬奇的手稿再次产生了兴趣。当时，许多手稿已经装订成册，成为艺术收藏品，而其余的那部分则消失于时间的长河中。直到19世纪，学者们才开始研究这些手稿。如今，还存在的达·芬奇手稿大约有7000页，存放于意大利、法国、西班牙、英国和美国的图书馆与博物馆里，还有一本被美国技术先驱和慈善家比尔·盖茨所珍藏。人们把这些手稿翻译成了多种语言，并把它们上传到了网络上。这样一来，大家就可以随时随地查看它们了。

弗朗切斯科·梅尔齐

善于观察的“机械控”

达·芬奇设计的机械非常厉害，展示出了他天马行空的想象力，但也绝非不切实际的空想。他的设计都是以真实的机械与科学原理为基础的，其中很多已被现代工程师变成了现实，使用起来完全没问题。那么，达·芬奇是从哪里学到这些知识和技能的呢？

向古人学习

达·芬奇从古希腊和中世纪的自然派哲学家身上汲取了不少灵感，并了解了科学和技术。自然派哲学家就是古代的科学家，包括亚里士多德（公元前384—前322年）和阿基米德（公元前287—前212年）。达·芬奇学到了物体运动与力的平衡的知识（如果一个物体受到几个力的作用，仍保持静止或匀速直线运动状态，那么就说明这几个力的作用效果相互抵消了，我们就可以说这几个力是平衡的），还研究了一些简单机械和机械元件，比如杠杆、楔子、滑轮、螺旋、斜面和轮轴。

六大简单机械

希腊数学家、发明家亚历山大里亚的希罗（1世纪）最早提出了“齿轮”的概念。他在书中写道：“齿轮是一种能把动力从机器的一处传递到另一处的装置。”大约在530年，拜占庭哲学家、科学家约翰·菲洛波努斯提出了“动量”的概念。

一组齿轮

边做边学

达·芬奇的成功并不完全依赖古人的智慧，他通过观察和实验学到了很多东西。在那个时代，人们一般都通过阅读来了解自然哲学，而达·芬奇边学边做，开辟了一条全新的科学研究道路。他有几项重大的科学发现，比如，他将重物沿着倾斜平面向下滑动，由此发现了摩擦定律；他通过研究鸟类，在航空科学领域取得了突破性成果。此外，达·芬奇还是研究材料、运动、真空和水压的先驱。伽利略、牛顿和库仑发现的一些科学原理，早在多年前就已经被达·芬奇发现了。

永动机

达·芬奇设计了一台“永动机”。理论上，在滚珠重量的作用下，轮子应该转个不停，但事实并非如此。经过大量研究，达·芬奇得出了结论：永动机是不可能存在的。

才智变发明

达·芬奇利用自己的科学和工程知识设计出了各种各样的机械装置。这些机器在当时前所未有、超乎想象，它们预示了未来的科技发展方向。让我们来欣赏一下这位天才的发明吧！

发明家的“上天入海”之梦

扑翼机，为人类插上翅膀

达·芬奇一心想要实现人类飞行的梦想。为了介绍有关飞行器、空气的性质和鸟类飞行的内容，他写了35 000多字、画了500多幅素描。他相信，只要技术到位，人类也可以像那些有翅膀的动物一样飞翔。在他的众多发明中，15世纪90年代设计的扑翼机是最著名的一项。

达·芬奇的扑翼机设计草图

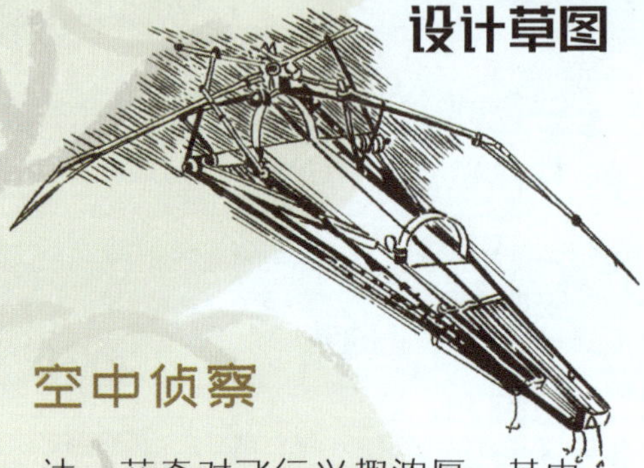

空中侦察

达·芬奇对飞行兴趣浓厚，其中一部分原因可能是他在米兰公爵手下做过军事技术方面的工作，也许他想利用飞行器来侦察敌人的位置。

工作原理

达·芬奇设计的扑翼机由一对巨大的机翼和一块狭窄的木板组成，翼展约为10米。这块狭窄的木板就是驾驶板，设置在两翼之间，飞行员可以趴在板上驾驶。机翼的框架由轻质的松木材料制成，框架上覆盖着一层生丝做的膜。

达·芬奇设计的扑翼机框架

增设踏板

达·芬奇知道，仅靠人类手臂的力量，扑翼机是无法升空的。因此，他增设了一对踏板，这样飞行员就可以用脚发力了。踏板可以带动一系列连接机翼的杆子和滑轮，一个踏板控制机翼向上扬起，另一个踏板控制机翼向下扑动。同时，飞行员转动手柄，提供辅助动力，并用一个头戴设备来操纵方向舵，控制飞行方向。达·芬奇设计的机翼能边拍打边旋转，就像鸟的翅膀一样。

安全问题

出于安全考虑，达·芬奇建议在水上进行扑翼机的飞行测试。他还在飞行员的驾驶板下增设了一个充气飘浮装置，以防坠落。

无法升空

经过多番尝试，达·芬奇始终克服不了一个困难：人类的肌肉力量不足，无法同时为飞行器提供升力和推力。如果扑翼机已经升到空中，那它或许可以往前飞，但要使它升空很难。机翼扑动的速度不够快，扑翼机就实现不了离地升空。据说，达·芬奇和他的助手在佛罗伦萨附近的切切里山上对这款飞行器进行过测试，但并没有证据证明这件事真的发生过。

翅膀拍打空气的速度，比空气从翅膀下方逃逸的速度更快，因此，翅膀下方的空气被压缩，产生一个反作用力，从而推升翅膀。

——列奥纳多·达·芬奇，

《达·芬奇笔记》，1938年

旋翼机，想象中的空中舞蹈者

15世纪80年代末，达·芬奇绘制了一架飞行器的设计草图，它和现代的直升机非常像。这架飞行器有一个巨大的、可以旋转的螺旋叶片，能够提供升力和推力。这就是船用螺旋桨的前身，只不过它要推动的是空气而不是水。

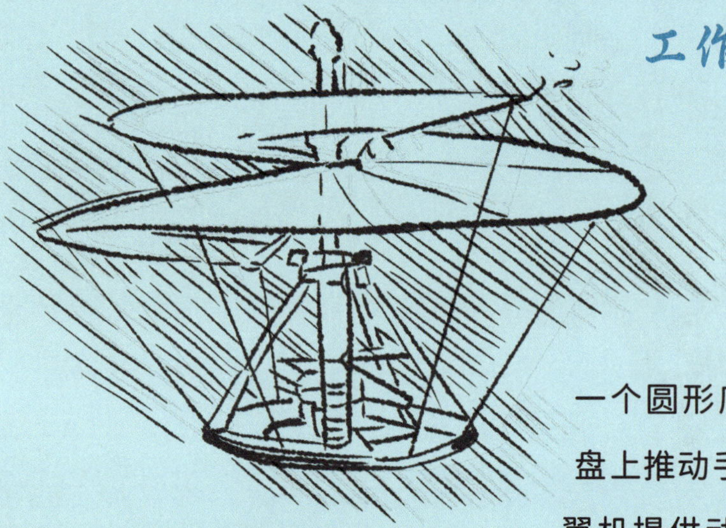

达·芬奇在手稿中画的旋翼机

工作原理

这一飞行器被称为“旋翼机”。旋翼机的帆是用亚麻布做的，直径约5米。帆的正下方有一根垂直杆，这根垂直杆连接着一个圆形底盘。操作时，需要4个人站在底盘上推动手柄，令垂直杆和帆旋转，来为旋翼机提供动力。达·芬奇认为，只要帆转得足够快，就能压缩其下方的空气，从而产生升力，使旋翼机螺旋升空。

无法升空

没有证据表明达·芬奇真的制造出了旋翼机，可能他最多就做过几个小模型。现代科学家认为这个机器太重了，飞不起来。毕竟光靠4个人来推动手柄是没法产生足够的升力来克服重力的。况且，即使帆转起来了，圆形底盘可能也会跟着反向旋转，上面的人会被转晕的。2022年，根据达·芬奇的设计，美国马里兰大学的工程师团队设计了一架无人机，而且试飞成功了。

旋翼机在现实中的外观

垂直起降

达·芬奇“旋转的叶片压缩其下方的空气会产生升力”的想法是正确的，这也是现代直升机的飞行原理。只是当时的他缺少一个能让旋翼机起飞的强劲引擎。尽管如此，达·芬奇仍是公认的世界上第一个设计出垂直起降飞行器的人。

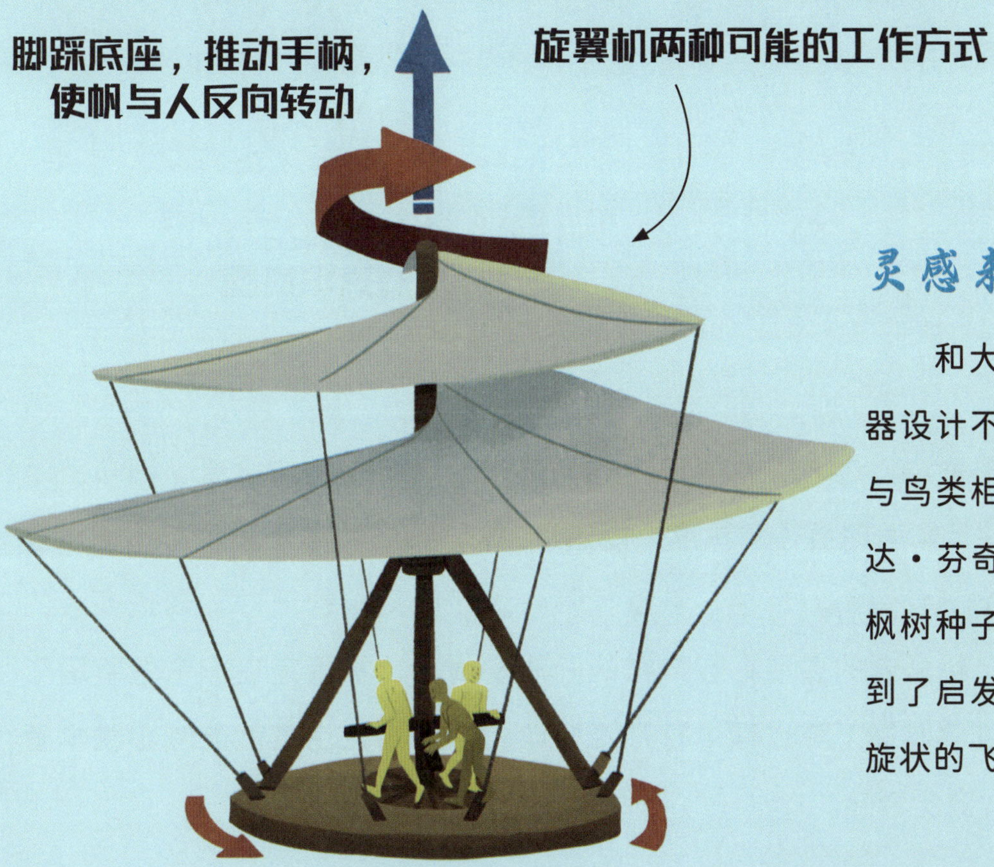

灵感来自大自然

和大多数早期的飞行器设计不同，旋翼机没有与鸟类相似的特征。可能达·芬奇看到旋转飘落的枫树种子或者梧桐种子受到了启发，便设计出了螺旋状的飞行器。

降落伞的空中旅行记

1783年12月，法国科学家、修道士路易-塞巴斯蒂安·勒诺尔芒戴着降落伞，从蒙彼利埃天文台纵身一跃，进行了历史上的第一次跳伞。其实，降落伞的起源可以追溯到比这更早的时期。最早的降落伞设计出现在15世纪70年代的一份来自意大利的手稿中，作者不详。这份手稿的内容是一个人悬挂在一顶锥形伞盖下。伞盖是作为逃生工具设计的，着火时可以帮助人们从楼房跳下来逃离火场。几年后，在1483年左右，达·芬奇绘制了一幅降落伞草图，其设计更为复杂。

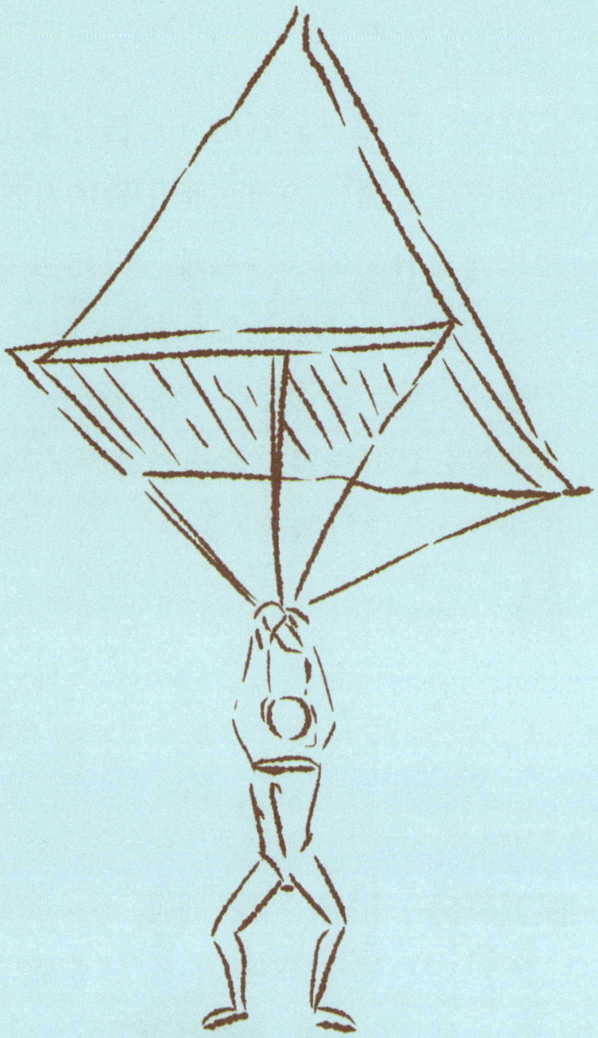

达·芬奇绘制的降落伞草图

伞盖设计

在降落伞草图旁边，达·芬奇写道："如果用亚麻布来制作伞盖，把布上所有的孔都堵住，并且伞盖的直径和深度都能达到7米，那么用它来跳伞，不管从多高的地方跳下来都不会受伤。"达·芬奇显然考虑了降落伞的尺寸，知道多大的伞盖能够承受得了跳伞者的重量。亚麻布的孔洞密封后，被固定在一个金字塔形的木制框架上。跳伞者在下降过程中打开降落伞，伞盖内的空气就能减小跳伞者的下降速度，实现安全着陆。

测试达·芬奇的降落伞

没有证据表明达·芬奇曾经制造出或者测试过自己设计的降落伞。有些科学家不太相信这个设计是成功的，他们认为木制框架太重了，伞盖的强度也不够，可能无法让跳伞者安全着陆。2000年，一个名叫阿德里安·尼科尔斯的英国人决定测试一下它。根据达·芬奇的设计，他用帆布和木头制作了一顶降落伞。这两种材料在达·芬奇生活的时代就有，甚至连制作降落伞的工具用的都是文艺复兴时期就已经存在的。

阿德里安·尼科尔斯

尼科尔斯制作的由达·芬奇设计的降落伞与现代降落伞的对比

在南非的普马兰加省上空3000米处，尼科尔斯戴好降落伞，从热气球上跳了下来。为了确保自己在着陆时不被这顶沉重的降落伞砸中，他降落到离地600米的高空时，更换了一顶现代的降落伞。达·芬奇设计的降落伞真的能用！尼科尔斯说，在这次跳伞的过程中，他感觉达·芬奇设计的降落伞使用起来比现代的降落伞还要平稳。

用风速计感知风的力量

达·芬奇对飞行的兴趣促使他发明了风速计，这是一种测量风速的仪器。或许达·芬奇希望自己的发明能够帮助未来的飞行员在起飞前方便地测量风速。实际上，达·芬奇不是第一个发明风速计的人。莱昂·巴蒂斯塔·阿尔伯蒂是意大利的另一位文艺复兴人，他在1450年就设计了风速计，而达·芬奇是在1483年至1486年间设计的风速计。相比之下，达·芬奇设计的风速计更精确，使用起来也更容易。

竖琴形风速计

阿尔伯蒂设计的风速计主体是一块悬挂起来的圆盘，风一吹，圆盘就会转动，风力可以根据圆盘的扭转程度来测量。达·芬奇设计的风速计有一个弧形框架，顶部用铰链悬挂着一块长方形的木板。起风时，木板会被风吹起，进入弧形框架。框架内侧印有刻度，记录木板达到的点位所对应的数值，这样就能测出风力的大小。达·芬奇设计的风速计不仅实用，而且美观。它的外观像一把竖琴，这似乎反映出了达·芬奇对音乐的热爱。

达·芬奇设计的风速计

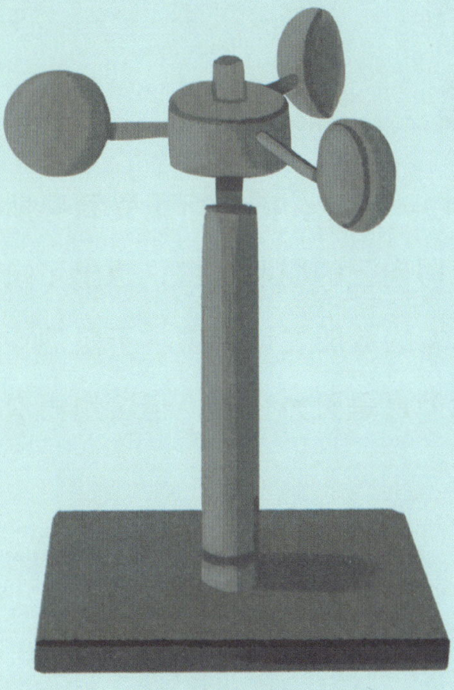

定期记录风速

在风速计设计图的旁边，达·芬奇写道：“为测量风每小时移动的距离，这里需要增设一个时钟来计时。”在风速计上增设一个时钟，方便定期记录风速。这样一来，一段时间内的平均风速就能被估算出来了。

现代风速计

现代半球杯风速计是由约翰·鲁滨逊于1846年发明的。

湿度计

1480年，达·芬奇设计了另一种测量天气数据的设备——湿度计。湿度计能用来测量空气的干湿程度，也就是空气中含有多少水汽。受德国哲学家库萨的尼古拉启发，达·芬奇设计的湿度计本质是一个天平，天平两端各有一个托盘，一个盘里放蜂蜡，另一个盘里放棉花。在潮湿的环境下，蜂蜡不易变化，棉花则会吸收水分，导致天平倾斜。借助量尺测量棉花具体增加了多少重量，就可以测算出空气的湿度。

湿度计

帮助探秘深海的潜水服

1500年，达·芬奇在“水城”威尼斯居住。当时，威尼斯正受到奥斯曼帝国海军的攻击。为了保卫威尼斯，达·芬奇发挥自己的聪明才智，想出了抗敌的办法——让潜水员潜入水中，对进入威尼斯水域的敌船发动突袭。于是他设计了一套潜水服。达·芬奇的想法在他生活的时代简直是天方夜谭，但这也再次展现了他对未来科技发展的远见卓识。

潜水服的构成

这套潜水服包括一件用猪皮制成的连体套装和一个袋状面罩，猪皮是用鱼油处理过的，能够起到防水的作用；面罩带有玻璃护目镜。这种面罩还配备了一个用山羊皮做的气囊，由阀门控制它充气和放气，帮助潜水员上浮和下沉。潜水员用两根通气管来呼吸，通气管是用空心竹筒做的，竹筒两端套着猪皮作为接口，并用铁环进行加固、支撑，以抵抗水压。通气管从潜水员的口部伸出来，一直延伸到一个漂浮在水面上的软木潜水钟那里。这套潜水服还具有一个贴心的设计——它包含一个特殊的“尿袋”。这样一来，潜水员就不必返回岸上去上厕所啦！

测试达·芬奇的潜水服

2003年，为了拍摄一部关于达·芬奇手稿的纪录片，这套潜水服被制作出来，真实呈现出其原本的设计。这套潜水服的实物看起来有点儿可怕，就像一只来自沼泽的怪物！但是，经过水肺潜水员的测试，人们发现这套潜水服的性能非常好。

潜水艇

达·芬奇还提出过潜水艇的设想。由于担心计划落入敌人之手，他故意提升了图纸的阅读难度，让人难以看懂其内容。他把整个设计拆解开，分成不同的部分来绘制。他计划用船把潜水艇运到靠近敌船的地方，再用绳索和滑轮装置把潜水艇放进水里。潜水艇有两个充气浮囊，用于提供呼吸用的空气。驾驶员脚踩一组踏板，令潜水艇尾部的两片脚蹼摆动，从而推动潜水艇前进。另外，潜水艇还包含一对用来手动控制方向的艇舵。到达目标位置后，潜水艇上的人就能用艇上的一套弹簧和螺旋武器来刺穿敌人的船体。

用途多样的桥梁

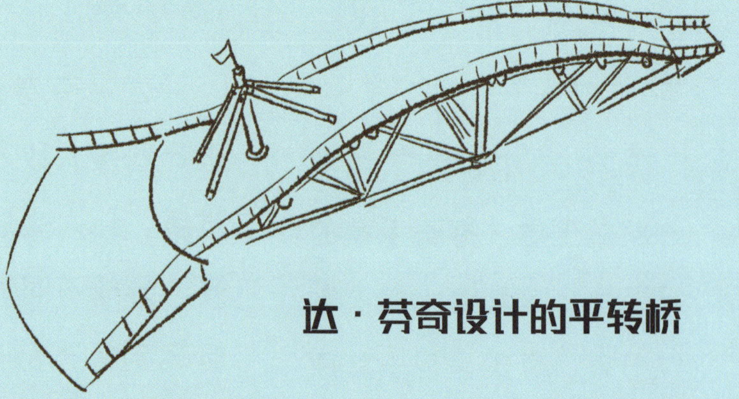

达・芬奇设计的平转桥

15世纪80年代，达・芬奇在米兰期间给米兰公爵卢多维科提出了各种军事工程方面的建议，建造平转桥就是其中之一。军队行军时需要造桥渡河，但是他们又不想让敌人使用自己造好的桥，所以通常会采用过河拆桥的方法。达・芬奇提供了一个不那么浪费资源的解决方案：军队渡河后，把桥从河上移开，这样敌人就没法跟过来了。

平转桥

达・芬奇设计的桥是一座单跨桥。桥的一端用一根垂直的柱子固定在河岸上，以这根柱子作为旋转的支点，利用一个由绳子、轮子和绞车组成的滑轮装置，就可以把桥旋转90度，使其离开对岸。为了防止桥在移动过程中因为自身重量太大而倒塌，达・芬奇在桥上安装了一个装满石头的箱子作为平衡量，来平衡桥的自重，以使桥更稳定。这座桥结构简单、重量小，方便人们迅速对其进行打包，运送到其他地方再次使用。

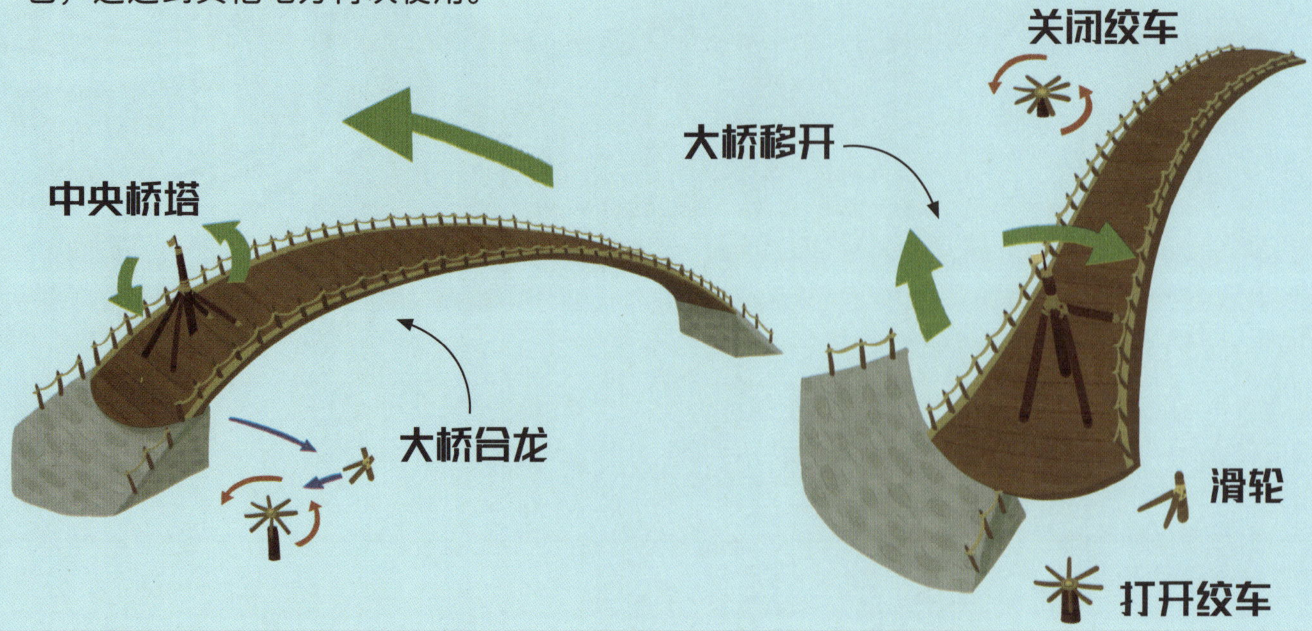

苏丹桥

苏丹巴耶塞特二世是奥斯曼帝国的统治者。1502年，他想建一座桥来连接伊斯坦布尔和附近的加拉塔城堡，于是广泛征集设计方案。达·芬奇得知此事后，给苏丹写了一封信，描述了自己的方案。当时，桥梁的常规设计思路是设置一排桥墩和一个半圆形的桥拱，达·芬奇却另辟蹊径，建议建造一座扁平的拱形桥来连接两岸。这座桥长约280米，如果能建成，它会成为当时世界上最长的单跨桥。达·芬奇还设计了桥台，也就是桥梁两端的支撑结构。这个地区常常发生地震，桥台两侧向外伸展的设计可以强化支撑作用，减轻地表横向运动对桥梁稳定性的影响，防止桥梁倒塌。

测试达·芬奇的苏丹桥

令人惋惜的是，苏丹没有采纳达·芬奇的设计方案。2019年，麻省理工学院的工程师们利用3D打印技术制作了苏丹桥的比例模型，并且验证了这座桥的设计方案是可行的。这座桥的结构的确能使其内部更稳定，确保整体不会倒塌。

在水中使用的机械

达·芬奇花费了几十年的时间研究水的运动和流动方式，思考怎样充分利用水资源。他是第一个提出把阿尔诺河改造成运河，以实现佛罗伦萨和比萨之间通航的人。他还发明了沿用至今的运河船闸，设计了各种用来制造喷泉和漩涡的抽水机器，以及排干池塘和沼泽的机器。

“水是大自然的载体。”
——列奥那多·达·芬奇

水力机械锯

离心机

达·芬奇设计了用于排水的离心机，这是一种能够快速旋转的容器。达·芬奇设计的这款离心机能借助流水的力量旋转起来，也可以安装在船上，由动物驱动。它旋转起来后，能够形成漩涡，把水吸上来。

水力机械锯

达·芬奇还设计过一种水力机械锯。流水带动水轮转动，水轮又会带动水轮横轴一起转动，再通过曲轴将这种转动转化为往复运动，从而带动锯片上下摆动。水轮转动的同时，也会驱动一个轮滑装置，这个滑轮装置会自动把木头拉向锯片，实现自动切割。

明轮船

达·芬奇发明了第一艘脚踏式明轮船（现在也叫“脚踏船”）。使用者需要踩踏一对脚踏板，脚踏板会拉动一根皮带，皮带则会带动一系列齿轮。脚踏板的前后运动转化为齿轮的旋转运动，从而驱动船桨。

挖泥船

达·芬奇在罗马的时候设计过一台挖泥船，用于排干庞廷沼泽。这台机器由两艘平行的船组成，中间有一个大铲轮，大铲轮上有4个用来挖河床的铲斗，铲斗能把挖出来的东西倒在驳船上。大铲轮的轮轴上装有一个曲柄，转动曲柄，挖泥船就能前进。大铲轮转动时，曲柄会在大铲轮的轮毂上绕起一根缆绳，这根缆绳的另一端被系在岸上。

因战争而诞生的精妙武器

令人惊叹的巨型十字弓

达·芬奇大半生都在经历战乱，当时的意大利半岛饱受战争折磨。达·芬奇的几任赞助人几乎都对新式武器很感兴趣，因为他们想要比敌人更具优势。为了满足赞助人的要求，达·芬奇做了很多创新的武器设计，其中最令人惊叹的就是巨型十字弓。1488年至1489年间，他把这个设计献给了当时的雇主米兰公爵卢多维科。

使用中的巨型十字弓

巨大的武器

这个十字弓如果被造出来，肯定巨大无比。它的宽度可达25米，有6个轮子（两侧各3个），并且能够移动。它的弓部是用弹性较好的薄木头制作的，并且以一定的角度安装来吸收巨大的回弹力。操作时，一个士兵转动曲柄，把弓部往后拉，然后装填弹药。弹药可以是大石头，也可以是燃烧弹。发射时，用木槌敲开固定销即可。

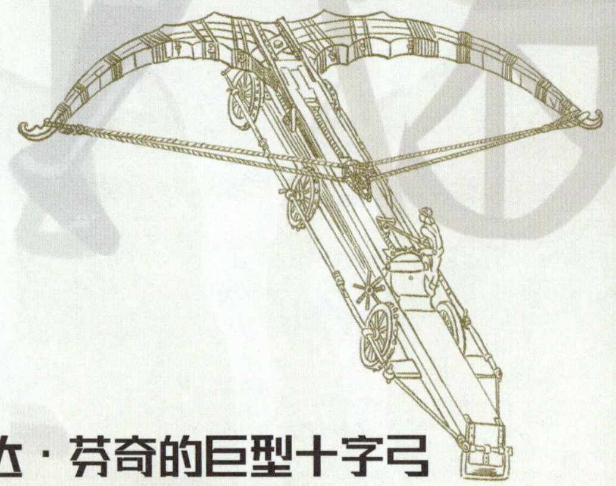

达·芬奇的巨型十字弓设计草图

吓唬敌人

巨型十字弓是一种攻城武器。它和投石器很像，可以朝堡垒城墙投掷石头。但达·芬奇设计它的主要目的可能是吓唬敌人，使他们不敢进攻。至于它有没有真正被制造出来，历史上并没有相关记载。或许因为这个设计的制造难度超出了当时的技术水平，所以它在当时并没有出现。2003年，为了拍摄英国纪录片《达·芬奇的梦想机械》，巨型十字弓的实物被成功制造了出来。经过验证，这个武器完全可用。

连发十字弓

达·芬奇还设计了一种能连续快速射击的十字弓。这种十字弓的动力来自一个巨大的轮状踏车。几名壮汉踩下巨轮上的台阶，就能使轮状踏车转动。整个机器中包含4个十字弓，巨轮转动时，一个由齿轮、滑轮和绳索组成的装置会装上箭，做好发射准备。安全起见，机器还具有木头防护盾，踏车上的人可以躲在防护盾的后面。

为多管大炮装足弹药

在达·芬奇生活的时代，火药开始用于战争。大炮比较笨重，不容易移动，而且每次发射后，装弹的速度比较慢。1480年，达·芬奇设计了一种多管大炮，解决了这些问题。这种大炮不仅大大缩短了重新装弹的时间，移动起来也更快速、更容易。

达·芬奇的多管大炮设计草图

火力十足

达·芬奇设计的多管大炮有11根细细的炮管。其中一根炮管发射时，其他炮管可以装弹。这样一来，发射频率就大大提高了。这些炮管排列成扇形，扩大了火力覆盖范围，这一点对于进攻的敌军来说尤为致命。和当时常见的前膛炮不同，这种大炮的弹药是从后膛装填的，这使重新装弹的时间大大缩短。

移动方便

这台大炮虽然炮管数量多，但重量却不大，甚至十分轻巧。大炮的炮架上有两个大轮子，这使其在战场上可以方便地移动，还能被轻松地抬起来，向不同的方向开火。要知道，炮管的角度会影响炮弹的射程，达·芬奇在设计这台大炮时也考虑了这一点。转动炮架后部的曲柄，就可以调整炮管的角度。

火炮

1482年左右，达·芬奇设计了一门火炮。它的亮点是拥有两个可滑动的木托架。这两个木托架一横、一竖，能使炮管上下、左右移动，令火力范围扩大。

33管旋转大炮

1481年，达·芬奇设计了另一种多管炮。这种多管炮总共有33根炮管，它们排成3排，每排11根，都连接在一个可旋转的平台上。其中一排炮管发射时，其他两排可以重新装弹，持续提供火力。如果当时这种武器被制造出来，肯定会在战场上造成大规模杀伤，就像现代的机关枪一样。

坦克，战场上的“装甲英雄”

坦克是一种能在战场上穿行的车辆，它能够在大杀四方的同时保护车里的士兵不受伤害。1487年，达·芬奇给米兰公爵卢多维科写信，说自己可以制造一种坦克，它能突破敌军防线，任何人都无法阻挡。达·芬奇设计的坦克就是现代坦克的前身。

达·芬奇设计的坦克能在战场上移动

保护壳

乌龟的背甲和腹甲为达·芬奇设计坦克带来了灵感。

乌龟

这辆坦克配备了36门轻型大炮，分布在一个圆形大底盘的外缘，能实现360度射击。底盘被一层由木头制成、使用金属板进行加固的保护壳包住。和第二次世界大战中使用的坦克一样，这辆坦克的侧面也是倾斜的，这能使来袭的火力发生偏转，从而保护车体。顶部的炮塔可以用来观察周围的环境，以调整射击位置和转向。

龟速移动

操作时，4个人在底盘中间转动曲柄来驱动车轮。读到这里，你一定会问：仅凭他们的力量，这么重的机器能动起来吗？因为有合理的齿轮传动比，坦克倒是能动起来，但是移动速度会非常慢。就好像骑着自行车上坡，不仅费力气，还骑不快。达·芬奇考虑过用马来驱动车轮，但最后还是放弃了这个想法，因为马在狭小的空间里容易受惊，更何况还是在战场上。

坦克内部剖面图

不完美的设计

达·芬奇的这项设计有一个重大缺陷：转动曲柄驱动车轮时，其中两个轮子的转动方向和另外两个轮子正好相反，坦克几乎无法前进。像达·芬奇这样注重细节的天才，怎么会犯如此低级的错误？对此，学者们一直争论不休。一些学者认为，达·芬奇本质上是一个和平主义者，他故意破坏自己的设计，想让坦克永远没有用武之地。另一些学者认为，这种缺陷实际上是一种保护措施，防止坦克落入敌人之手。除此之外，这项设计还存在一个问题：战场上泥泞不堪、坑坑洼洼，车轮会陷进泥里，无法移动。针对这一问题，达·芬奇在车轮上加了螺柱，以增大牵引力，但在泥泞的环境下，这个方法的作用并不大。现代坦克安装了履带，这一问题才得到了解决。

伴着机械战鼓声冲杀

在达·芬奇生活的时代，上战场前要擂鼓。士兵们伴随着阵阵鼓声，向前冲杀。鼓手很容易受到敌人攻击，因此很多鼓手都在战斗中阵亡了。为了解决这个问题，达·芬奇决定发明一个机械战鼓。这种战鼓一个人就能拉动，而且发出的声音震耳欲聋，足以取代十几个鼓手。这样一来，许多鼓手的生命就得到了挽救。

工作原理

机械战鼓设计于1489至1492年，外观是一辆人力车，由一人拉动。

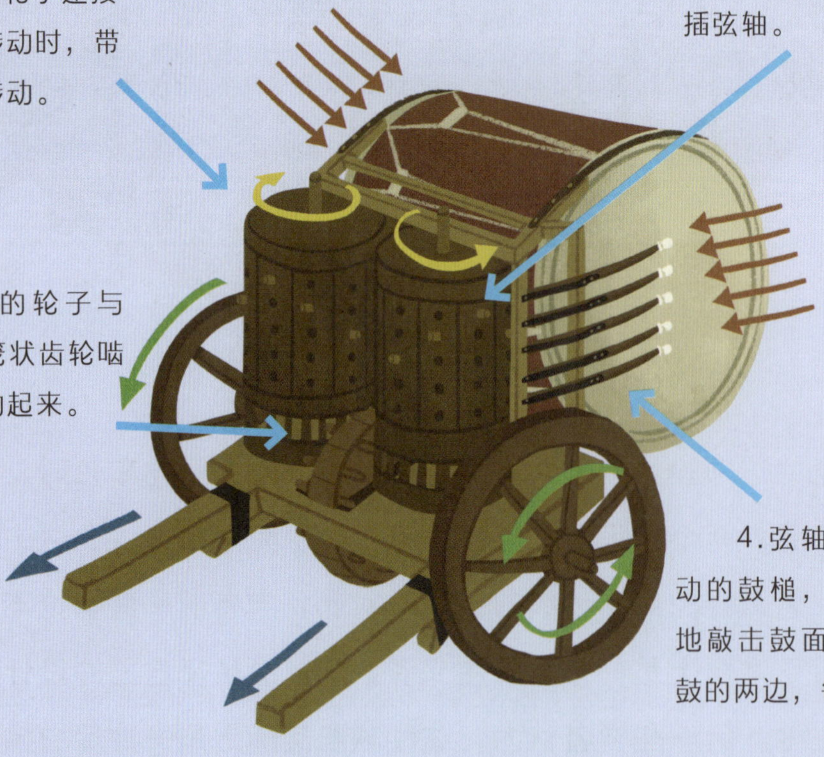

操作者只需保持车速不变，就能维持稳定的敲击节奏。鼓的尺寸足够大，能在战场上发出震耳欲聋的响声。

节奏可创编

这架战鼓最吸引人的地方就是可以灵活地创编节奏。把插在两个圆筒上的弦轴拿出来，再放进与先前位置不同的孔中，就能产生不同的节拍序列和节奏。想要使其产生稳定的节拍，弦轴就要位于一条直线上。弦轴位置呈竖线，就能产生慢拍子；弦轴位置呈斜线，就能产生快拍子。在这个基础上进行变化，就能编出更复杂的节奏了。两个圆筒上对应的弦轴如果位置相同，那么两边的鼓槌就会同时敲击鼓面，产生更大的声音，敲出节奏中的强拍。达·芬奇精通音乐，所以才能设计出这项功能。

士兵拉动机械战鼓

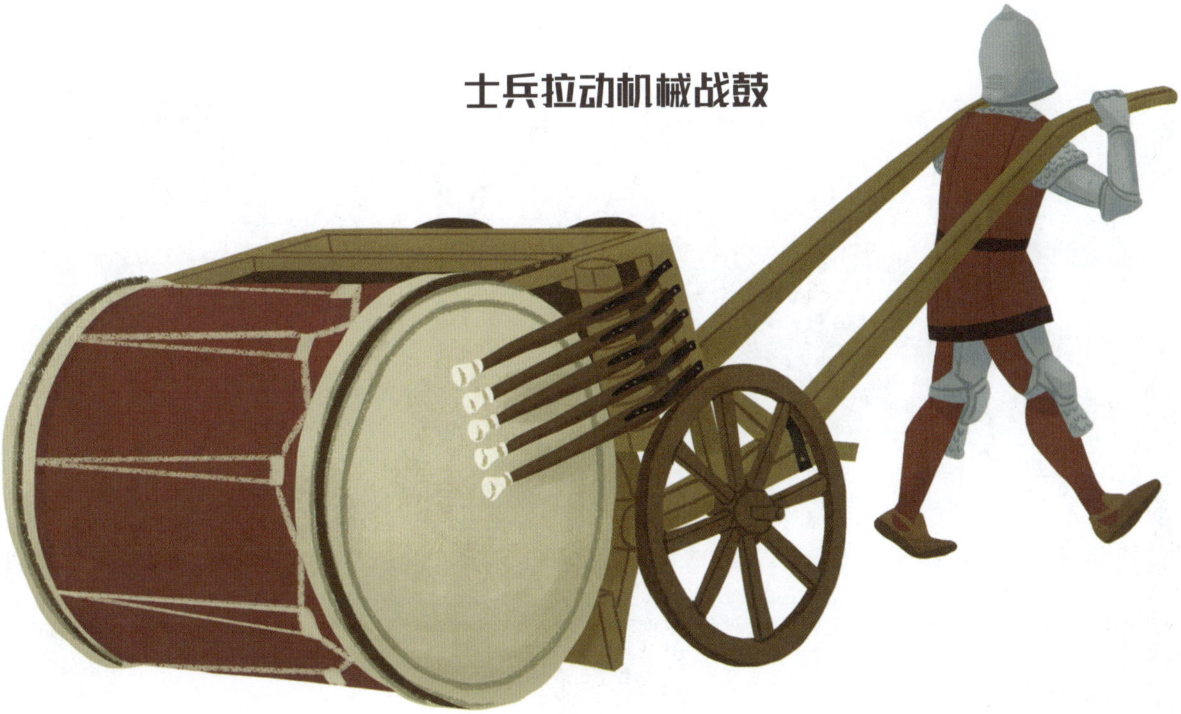

适合游行的战鼓

达·芬奇还设计了另外一种机械鼓，这种机械鼓适用于在行动受限的地区。在这种情况下，鼓不由车轮驱动，而是由一个手摇曲柄来驱动。

复原实物

达·芬奇设计的机械鼓的复原实物于2009年制作完成，目前陈列在意大利切塞纳镇的西尔维娅别墅博物馆里。

“脑洞大开”的趣味发明

不用驾驶就能跑的自驱车

1478年，达·芬奇画出了世界上第一辆自驱车的草图。然而，直到400多年后，现代汽车才被发明出来。这辆车长1.58米，宽1.49米，有3个轮子，由发条驱动。这台机器设计得太复杂了，一开始谁也不清楚它是如何运行的，直到20世纪才有人弄明白它的工作原理。

达·芬奇设计的自驱车运行原理图

世界上第一个机器人

这台车子没有座位，因此不能乘坐。历史学家认为，达·芬奇设计这款车的目的是让他一位有钱的赞助人在客人面前炫耀。因为这辆车能自动驾驶，所以有些专家称它为“世界上第一个机器人”。

工作原理

1.转向柱是一个由齿条和小齿轮组成的装置，和现代汽车所使用的转向柱非常像。

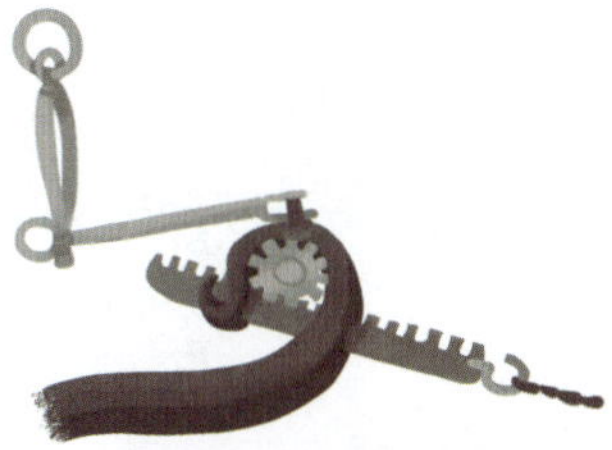

这台车由两个弹簧发条驱动。向后转动轮子，弹簧发条就上紧了。松手后，这辆车立马就能向前冲。有学者认为，它可以开40米远。这辆车的行驶方向是预先设定好的。在小孔中塞上销钉，就可以引导车轮在行驶过程中以特定的角度转弯。奇怪的是，这辆车只能向右转！

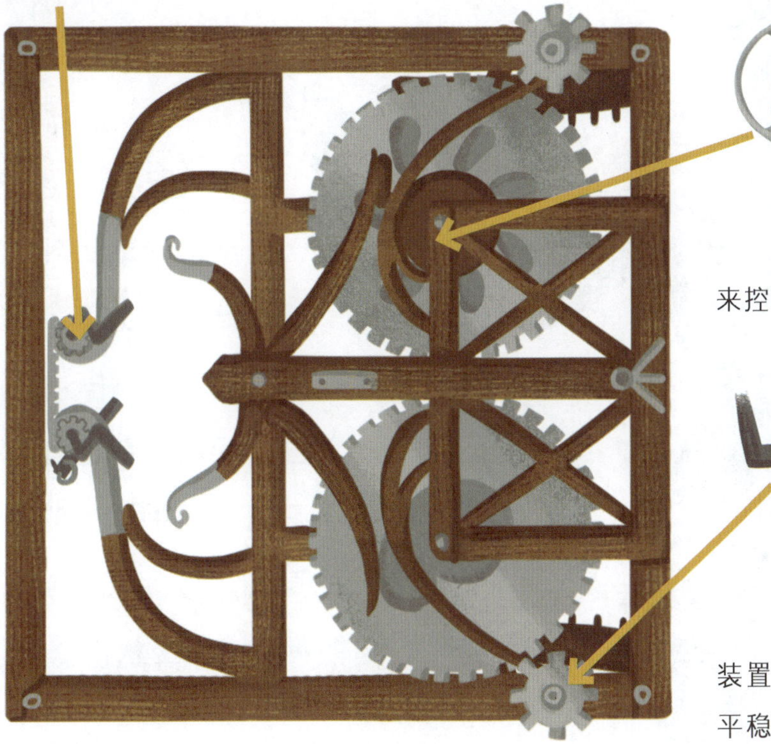

2.两块大的板弹簧用来控制车子的驱动装置。

3.车上装有一个擒纵装置，能让车子行驶得更平稳。擒纵装置也是钟表的常用部件。

测试达·芬奇的自驱车

2004年，伽利略博物馆的一个工程师团队决定制造达·芬奇设计的自驱车。他们花了4个月的时间设计了车子的数字模型，接着又花了8个月的时间制作了一个实体模型，其尺寸只有原版的1/3。用于制作模型的木材有5种，都是达·芬奇生活时代的工匠常用的。经过测试，这辆车真的能开！后来，他们又制作了一个实际尺寸的模型，于2006年完工。这次，为了防止模型受到损坏，他们决定不对其进行测试。有人发现，这款自驱车很像美国的火星探测车“精神号”和“机遇号”。

威风凛凛的机械骑士

达·芬奇一直都对人体解剖学很感兴趣。或许正是出于这种兴趣，他设计出了最早的人形机器人。和他的大多数发明不同，有证据表明，这项发明在当时就被制造了出来。这款机器人制造于1495年左右，身穿中世纪时期德国和意大利式样的金属盔甲，看起来像一个机械骑士。这款机器人在米兰公爵卢多维科举办的派对上亮过相，在场的宾客们看到机器人能够自己动起来，肯定大为惊奇。

机械骑士复原图

灵活的关节

这款机器人能自己站起来、坐下去、抬起面甲、转动头部，还能挥手、张口和闭口。为了完成这些动作，机器人的脖子、下巴、脚踝、膝盖、臀部、肩膀、肘部、手腕、手部等部位都设有灵活的关节。达·芬奇在机械骑士的设计图中画了一个自动鼓轮的草图，因此可以推测，机器人在做动作时，可能需要一个鼓状机器进行配合。

木偶与木偶大师

达·芬奇设计的机械骑士的完整设计图没有保存下来，也许他本来就没绘制完整的设计图。因此，研究人员只能根据零散的笔记和草图推测它的工作原理。最靠谱的说法是，它就像一个木偶，由躲在幕后的人对其进行操纵。它的驱动装置很复杂，是由滑轮、绳索、齿轮和手柄组成的。

罗塞姆的模型

2002年，美国的一位机器人专家马克·罗塞姆根据达·芬奇的笔记和草图制作了机械骑士的模型。这款机器人运行的效果不错，走路和挥手都很流畅。罗塞姆制作的模型不需要人在幕后操纵四肢，也不靠绳子牵动肌肉。它的四肢由安装在胸口的电脑控制，肌肉由电动机控制。罗塞姆很喜欢达·芬奇设计的机器人手腕，于是把它融入自己的另一个设计中——为美国航空航天局的一个项目设计的一只机械手，用于在火星上执行任务。

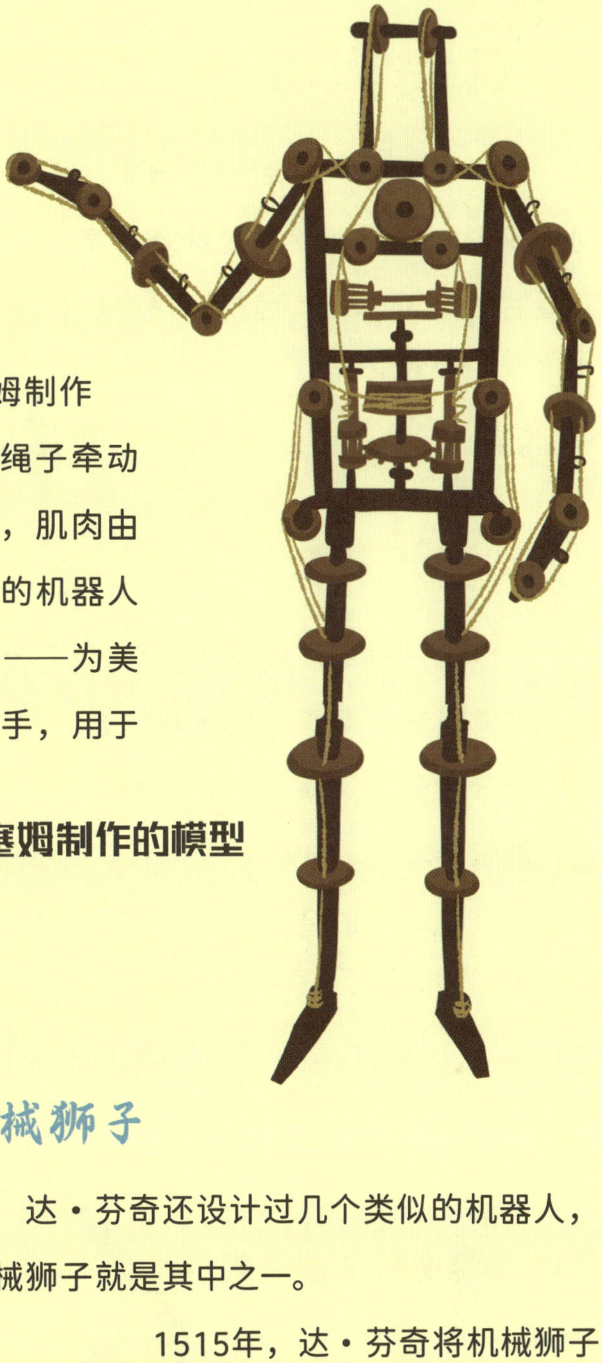

罗塞姆制作的模型

机械狮子

机械狮子

达·芬奇还设计过几个类似的机器人，机械狮子就是其中之一。

1515年，达·芬奇将机械狮子献给了法国国王弗兰西斯一世。据说，这只机械狮子可以走10步、左右摇头、开合下巴，还可以动尾巴。机械狮子的身体上有一个平片，平片能够自动掀开，展示一束鸢尾花。在那个时期，鸢尾花是法国皇室的象征。

音乐与科学的巧妙融合

达·芬奇是一名业余音乐家，他非常热爱音乐，曾自学里拉琴，还会写歌。对他来说，音乐和绘画是姊妹艺术，同样具有“塑造无形之物”的能力。他设计了几种独特的乐器，包括改良版的长笛、鼓、轮擦提琴和键盘乐器，还发明了马头形状的里拉琴。

中提琴风琴

达·芬奇发明的乐器中，有一件叫作“中提琴风琴”。这件有趣、有创意的乐器结合了羽管键琴、风琴和腿式维奥尔琴的元素。演奏时，乐手按下键盘上的琴键，琴键带动皮带摩擦琴弦，从而发出声音。键盘上有44个键，每个键对应一根弦。它的音域约为三个半八度，和当时典型的羽管键琴的音域一样。据我们所知，这架中提琴风琴一直未被制作出来，只停留在构图阶段。后来，人们制造出了类似的乐器。

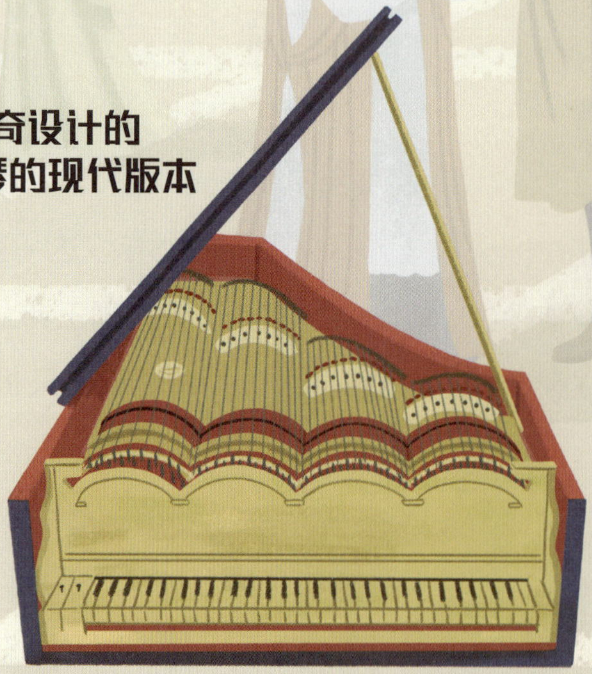

达·芬奇设计的中提琴风琴的现代版本

羽管键琴-中提琴

1488年左右，达·芬奇绘制了另一件键盘乐器的设计草图。它重约15千克，比中提琴风琴要小，并且可移动。这件乐器被称为“羽管键琴-中提琴”。演奏时，需要将它绑在演奏者的胸前。演奏者走起路来才能演奏，双手可以自由地按键盘。演奏者的两条腿驱动一个木制马达，使一股长马毛像小提琴的琴弓一样在乐器中不断打圈。当演奏者按下琴键时，琴弦就会摩擦马毛，发出类似小提琴的声音。琴键被按得越用力，发出的声音就越大。值得一提的是，这件乐器还可以演奏和弦。

复原实物

小渕晶男是日本的一名羽管键琴制造师。2009年，他按照达·芬奇的设计，制作了一台羽管键琴-中提琴。

精确的时钟，流逝的时间

第一台机械钟诞生于13世纪70年代。到了达·芬奇生活的时代，时钟变得精确了许多，但与现在的相比还是很粗糙。那时的时钟很多都没有分针，更不用说秒针了。达·芬奇设计了一台钟，它比以往任何一台都要精确。现代时钟应用的机械原理和这台钟是一样的。

复杂的构造

达·芬奇设计的时钟有独立的时针装置和分针装置，每组装置都有各自的轮子、弹簧、齿轮、杠杆等零部件，既复杂又精细。这台钟还有一个单独的表盘，用来记录月相，也就是我们在地球上看到的月亮形状的变化。

达·芬奇设计的时钟

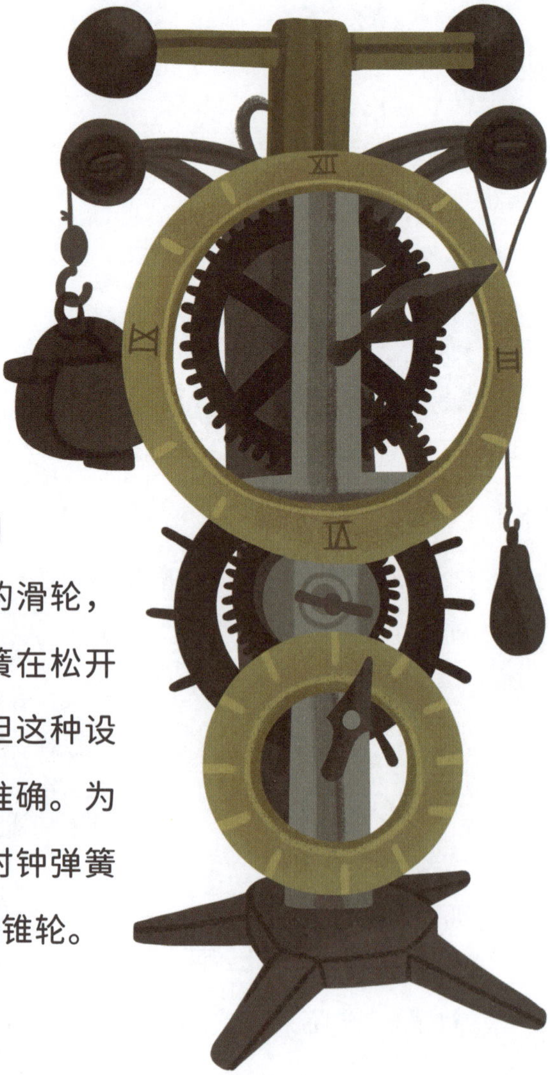

早期擒纵装置

在达·芬奇生活的时代，钟表制造师已经开始探索如何不依靠重力来驱动时钟，而是使用弹簧来为钟表提供动力。人们发明了一种特殊的滑轮，这种滑轮通常由一根股线来控制，作用是使弹簧在松开时能平稳、均匀地释放能量，从而驱动时钟。但这种设计的缺点是股线容易变松甚至断裂，使时钟不准确。为了解决这个问题，达·芬奇发明了一种叫作“时钟弹簧均衡器”的早期擒纵装置，也就是后来的均力圆锥轮。

钟摆

达·芬奇对摆这种机械装置很感兴趣。他画过很多摆的运动图，却从未发现摆在计时方面的潜力。直到1656年，摆才被用于钟表制造。

“好好利用时间，时间就会变长。”

——列奥那多·达·芬奇

争分夺秒

达·芬奇对钟表制造如此感兴趣，也许是因为他希望有更多的时间来工作。为了挤出时间，他自创了一种“多相睡眠法”——每工作4小时就睡30分钟。依靠这种方法，达·芬奇就能实现通宵工作了。晚上天色昏暗，他就用一种蜡烛钟来计时。

为了防止自己睡过头，达·芬奇发明了一个闹钟。这个闹钟由两个桶组成，水从一个桶里慢慢流到另一个桶里。当接水的桶里装满水后，由齿轮、杠杆和滑轮组成的传动装置就会把达·芬奇的脚吊起来，将他弄醒。

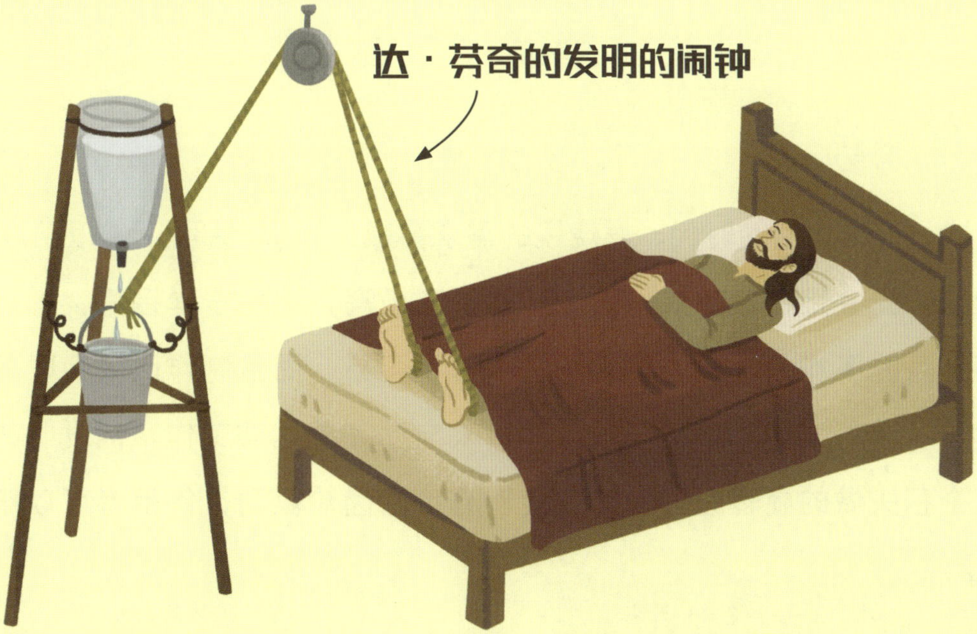

实用的工业机器

达·芬奇一生发明了数百种机器，其中很多机器虽然不太出名，也不太吸引眼球，但都非常实用，比如起重机、纺纱机、挖掘机、抽水机和提升卷扬机。除此之外，他发明过一台制作锉刀（一种用来打磨坚硬材料的工具）的机器，还设计了里程计（用于记录有轮子的车行驶的距离）、印刷机和指南针。

轧机

轧制是一种给金属塑形的工艺。它的原理是让金属材料通过一对轧辊的间隙，使其在压力的作用下变薄、变均匀，变成人们想要的形状。1480年，达·芬奇设计了一台用来轧制铅条的机器。这台机器由两个平行的圆柱体组成，经过它轧制的铅条可以用来制作彩色玻璃窗。这是欧洲历史上已知的第一个轧机设计。那么，这台轧机有没有被制造出来呢？没有证据表明这个设计的实物出现过，但它给未来的轧机设计奠定了基础。

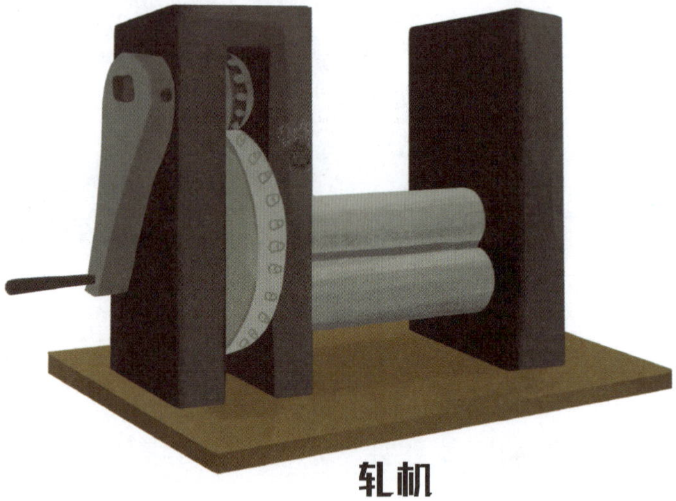

轧机

凹镜打磨机

在达·芬奇生活的时代，燃烧镜的需求量很大。燃烧镜能反射太阳光，并将反射后的太阳光会聚在焦点处。焦点处的温度极高，可用于焊接等。燃烧镜必须采用凹面，且曲率均匀。要达到这一要求可不容易，而且制作比较费时。针对这一问题，达·芬奇发明了一种凹镜打磨机来自动完成这项工作。他发明的凹镜打磨机有一个石头做的旋转磨轮，这个旋转磨轮由齿轮驱动，使用者可以精准控制打磨过程。

凹镜打磨机
后视图

凹镜打磨机
主视图

自动绕纱机

这台机器叫作“自动绕纱机”，是为纺织工业设计的，用来把线或者纱绕在线轴上。达·芬奇绘制了绕纱机的分解图，展示了它的各个部件。绕纱机在工作时，曲轴带动线轴旋转，同时，连杆带动线轴来回运动，使纱线均匀缠绕在线轴上。据记载，它是最早的自动化机械设计之一，能自动完成重复性的任务。

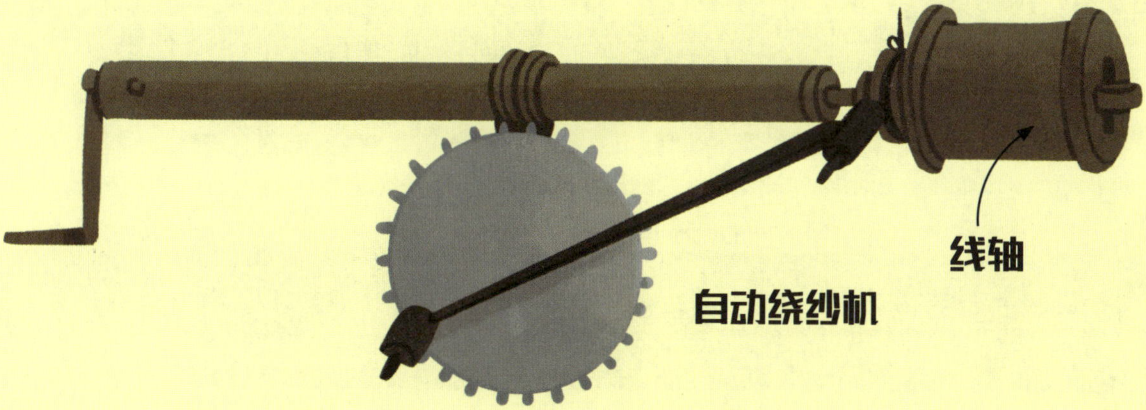

自动绕纱机

艺术与科学的璀璨成就

震撼世界的绘画艺术

在达·芬奇去世后的几百年里，人们只知道他是知名的艺术家，却不一定知道他也是科学家和发明家。达·芬奇主要的画作不超过25幅（其中不少还未完成），素描作品有好几百幅。它们都是西方艺术中十分具有影响力的作品。

传世名作

达·芬奇最伟大的画作《蒙娜丽莎》可以说是世界上最著名的画作之一，《最后的晚餐》则是有史以来被复制次数最多的宗教画。他的画作《救世主》是拍卖史上成交价最高的画作，而《维特鲁威人》已成为文艺复兴时期人文主义运动的象征。

达·芬奇的画作《最后的晚餐》

感知颜色

达·芬奇的画作
《蒙娜丽莎》

达·芬奇丰富的科学知识不仅体现在他的发明创造中，还体现在他的画作中。从他创作的人物肖像画中可以明显地看出，他很懂人体解剖学，知道皮肤下面的肌肉和骨骼是什么样子的。他对光线的把握也炉火纯青，所以画出来的人物生动、逼真。这种绘画效果在当时是罕见的。他还自创了一种叫作“晕涂法”的绘画手法，这种手法能够让线条变得模糊，让色彩更加柔和，使画中的两个形状之间的过渡更自然。著名的画作《蒙娜丽莎》就运用了这种绘画手法。同样，因为研究过树木、植物和水，他能把大自然画得特别真实，让人赞叹。他在研究光学的过程中发现了一个规律：我们对同一种颜色的感知，会随着距离的远近而产生变化。也就是说，相同的颜色，从远处和从近处看起来是不一样的。难怪在他的作品《岩间圣母》中，背景里的山是蓝色的。

被框住的人体

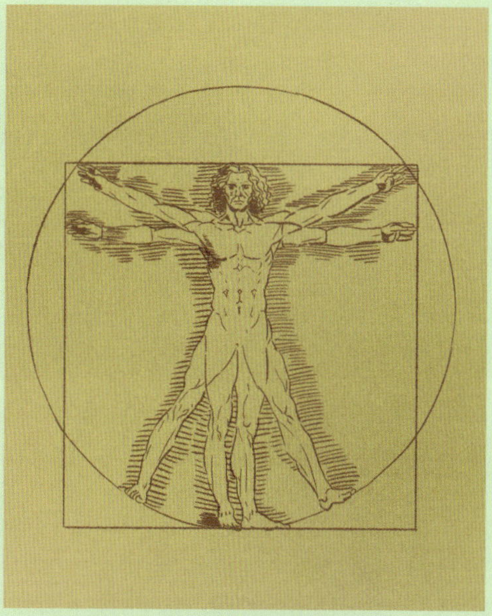
达·芬奇的画作
《维特鲁威人》

维特鲁威是古罗马的一位著名建筑师。他提出，让一个人平躺在地面上，伸展四肢，正好能外接一个圆和一个正方形。许多艺术家都跃跃欲试，想证实这个说法。在绘图时，他们先画了圆和正方形，再画出人体。结果，他们画出来的人体四肢太长、头部太小，比例十分不协调。达·芬奇经过科学的思考，决定先从现实出发进行绘制，之后再考虑如何使画作理想化。在画《维特鲁威人》时，他先精准地画出了人体，再画出圆和正方形。这两个图形像相框一样，正好围住了人体。

以开拓精神思考科学问题

达·芬奇研究科学的方法是先仔细观察，再根据观察结果得出结论。这种方法很像后来的科学家们所使用的科学方法论，这些科学家包括伽利略和牛顿。

解剖学

在韦罗基奥的工作室里学艺时，达·芬奇就开始研究人体解剖学。他在画人体时，居然能画出肌肉、肌腱和骨骼的形态。这些身体组织都在皮肤下面，一般是看不到的。他一生解剖过大约30具尸体，还根据自己的见解写了一本带插图的书。另外，他还是第一个详细画出阑尾、肺等器官形态的人。达·芬奇有过许多重要的医学发现，比如，他发现了心脏瓣膜是如何控制血液流动的。

“在进行深入研究之前，我会先做实验，因为我的目的是从经验出发，通过推理与分析，找到现象背后的原理。”

——列奥那多·达·芬奇

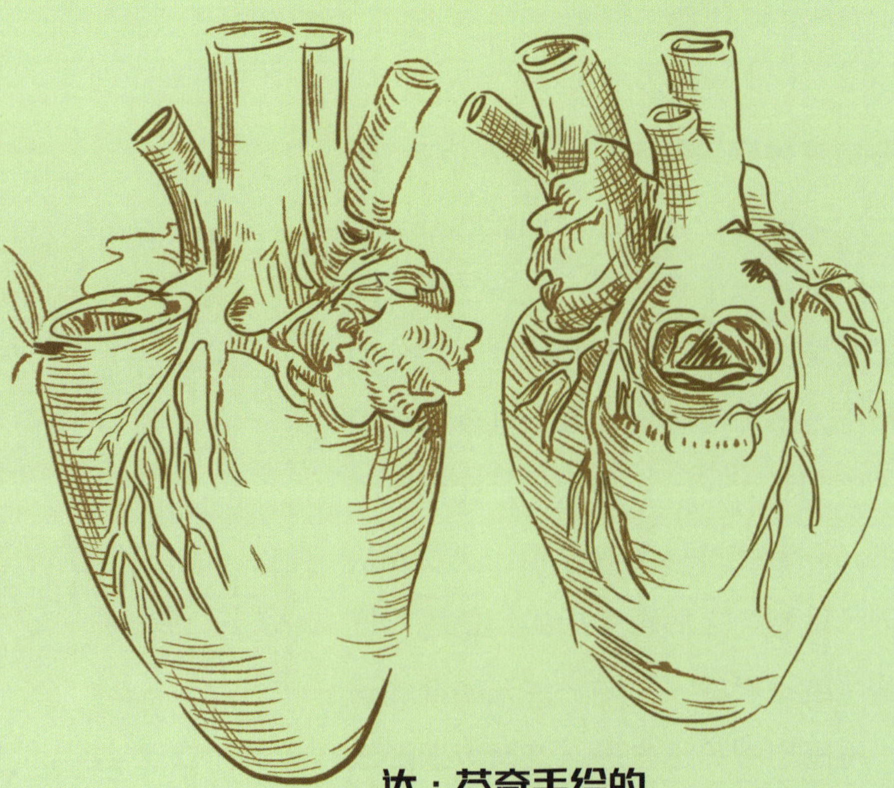

达·芬奇手绘的
人体心脏

光学

达·芬奇在自己多年的学徒生涯中学到了光、影、表面、反射等方面的知识，总结出了这些光学现象背后的规律。当时的人们普遍认为，人之所以能看见东西，是因为眼睛发出的光线“撞”到了物体上，又“反弹”回了眼睛。而达·芬奇认为这个观点是错误的。达·芬奇把视力比作暗箱，即一个侧面有一个小孔的黑色箱子或者房间，外面的景象可以倒映在正对小孔的内壁上。这个比喻真是出奇的准确！他的头脑中冒出过各种各样的关于新奇事物的想法，这些事物包括投影仪、双光镜，甚至还有隐形眼镜！在望远镜诞生的100多年前，达·芬奇就写下了关于它的创意。

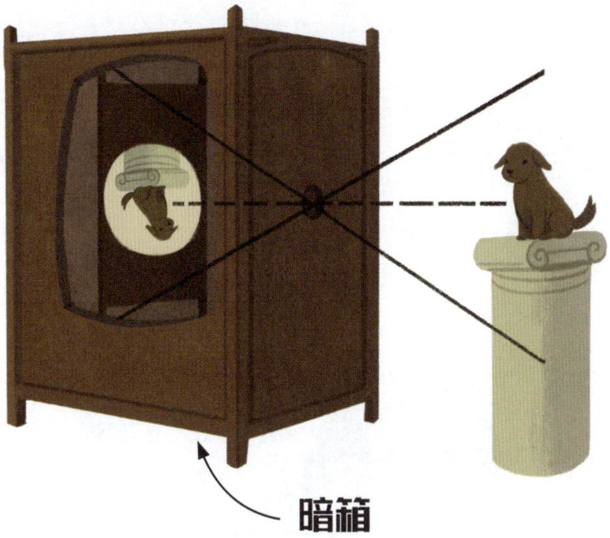

达·芬奇抬头望月

天文学

在达·芬奇生活的时代，人们普遍认为月亮本身就会发光，而达·芬奇却不认同这个观点。他认为，月亮反射了太阳发出的光，所以我们在地球上能看见月亮；同样地，如果我们站在月亮上，就能看见地球也是亮的。实际上，达·芬奇的想法是对的。当时的人们都相信太阳是绕着地球转的，而达·芬奇却说：“太阳不动。”这说明他相信日心说，认为地球是绕着太阳转的。几十年后，波兰天文学家哥白尼也提出了和达·芬奇一样的观点，正式创立了日心说，并且因此而闻名于世。

打开达·芬奇的“科学百宝箱”

用水和空气造福人类

达·芬奇特别喜欢研究水和空气的运动，一直在思考怎样才能利用水和空气来造福人类。通过研究和实验，达·芬奇为许多科学领域未来的发展都打下了基础，包括流体动力学（研究液体和气体如何流动的科学）、水力学（研究水的机械运动规律和应用的科学）、水文学（研究地球上的水的特性及其运动的科学）和空气动力学（研究空气流动及其对物体影响的科学）。

达·芬奇在研究鸟的翅膀

鸟类的飞行原理

达·芬奇还研究了鸟类的飞行原理。他仔细观察鸟类翅膀的动作，并对风、气压、重力等因素进行研究，最终弄清了鸟类是如何在空中保持稳定、俯仰、转向和滑翔的。他总结道：“鸟儿就是一部按照数学原理工作的机器。”

达·芬奇认为，这些数学原理能帮助人类制造飞行器。虽然他没能制作出真正能飞的飞行器，但他的许多思想都影响了现代飞机的设计。比如，“飞机的升力与机翼的弯曲方式有关”“空气是一种流体”。

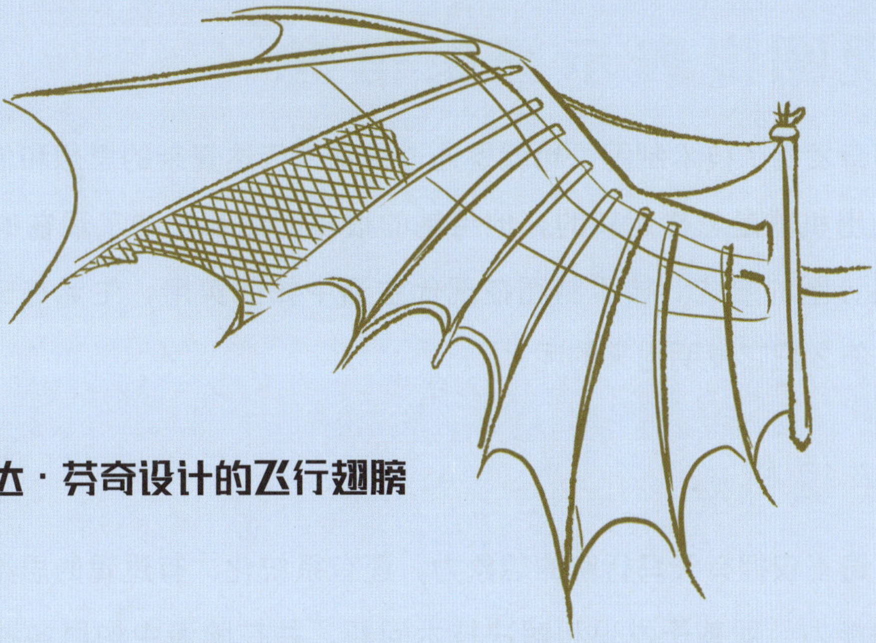

达·芬奇设计的飞行翅膀

掌水官

根据佛罗伦萨政府档案的记载，达·芬奇曾经当过“掌水官”。他从不炫耀自己的这个头衔，因为他知道，比起使用水的人，水本身的力量更为惊人。达·芬奇想要了解水、利用水，因此他努力研究了潮汐涨落，以及水在水力侵蚀、洪水和暴风雨中是如何造成破坏的。为了减轻水对人类生活造成的负面影响，他想出了各种方法，比如修建运河、给河流改道。他对水的看法很接近现代的水循环理论，即液体状态的水蒸发后变成云，云又变成雨，回到液体状态，如此循环往复。他了解到，看似普通的水，其实已经经历了无数次循环，在江河中流淌过无数次。虽然达·芬奇从未发表过关于水的文章，但他是研究这一主题的先驱。

达·芬奇画的流水

用直观图像表示繁杂信息

达·芬奇发明了技术制图，也就是通过绘画来传达复杂的思想和信息，比如，在图纸上画出机器是怎样运转的。他绘制的很多图纸都影响了现在的工程师们绘制、使用设计图的方式。技术制图在现代生活中如此实用，生活在500多年前的达·芬奇是怎么把它发明出来的呢？

想象力与逻辑感

达·芬奇不仅拥有天马行空的想象力，还有系统化、有逻辑的思维方式。他有一种超凡的能力，即善于发现和解决技术问题，并在脑海中构思各种解决办法。在技术制图方面，他天赋极高，知道如何利用几何知识和透视法让自己的设计易于理解。

技术制图

达·芬奇发明了许多技术制图方法，其中不少都沿用至今，包括俯视图（从上向下看物体所看到的图形）和剖面图（想象把物体剖开，然后观察其内部结构所看到的图形）。他还想出了不同的方法来表示运动、力和变量（可增加或减少来影响机器性能的量）。

达·芬奇设计了一种装水的容器，它的壁上有几个洞，洞所处的高度不同。这种容器能够证明，水越深的地方水压越大。他是第一个通过技术制图来展示变量对结果产生影响的人。

达·芬奇设计的有洞的装水容器

爆炸图

达·芬奇发明了立体装配图，也叫“爆炸图”。这种绘图方法是把机器的各个部件拆开来绘制，看起来就像机器爆炸了一样。用这种方法绘制的图能够同时展示机器的内部结构和整体外观。如今，爆炸图仍被广泛使用。

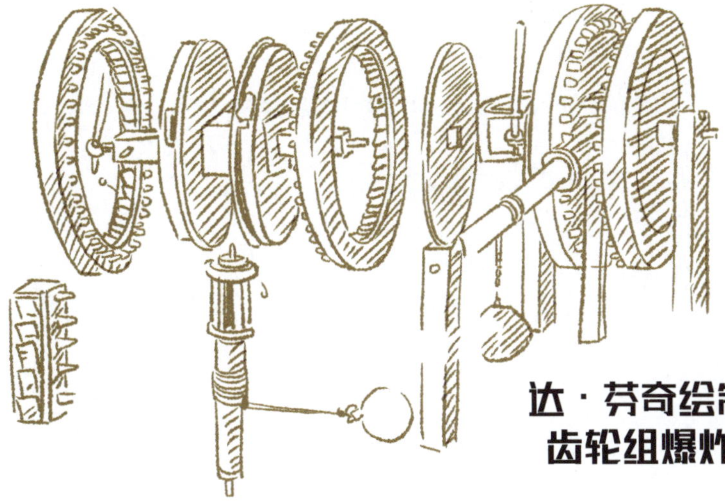

达·芬奇绘制的齿轮组爆炸图

原始的导航系统

达·芬奇擅长绘制的另一种技术图纸是地图。如何在纸上呈现出从空中看到的山丘和斜坡的样子？针对这个问题，在达·芬奇之前还没有人提出过解决方案。达·芬奇在画庞廷沼泽地图时，应用了一种叫作“明暗对照法”的技术，即运用高光和阴影来表示地形的高低变化。

齿轮组装完成图

看得见的语言

达·芬奇绘制的技术图纸上的机器不是静止不动的，而是“活动”“变化”的。他的这一发明强调了一个理念，即发明者应该创造一种视觉语言来表达自己的想法。这些思想和达·芬奇的发明一样，都是他留给我们的宝贵财富。

建设“理想之城”的愿景

15世纪，欧洲的城市经常流行瘟疫，民不聊生。那时的街道既狭窄又肮脏，还很拥挤，很容易滋生传染病。日渐拥堵的道路使人们的出行成了一个大问题。1486年左右，达·芬奇规划了一座理想的城市，它干干净净、空间开阔、道路通畅。虽然这座理想中的城市从未动工，但达·芬奇的设想却影响了后来的城市规划师。

立体城市

达·芬奇设想了一座可以容纳3万人口的城市，打算建在意大利北部的提契诺河畔。他建议，把城市建设成两层。上层专供步行，有通风良好的宽阔街道和广场，还有漂亮的楼房。针对这个设想，他写道：“城市要美观才行。”下层用于交易、货物运输和工业生产。把行人与车辆分开可以减少拥堵的情况，交通会更顺畅。大楼联通了城市的上层和下层，无论在哪一层，进出大楼都很方便。户外还有楼梯，把城市的上下两层串联了起来。

对后人的影响

19世纪至20世纪的城市规划师们采用了达·芬奇的创意。1853年至1870年，法国城市规划师乔治–欧仁·奥斯曼负责巴黎的城市改建工作，他也认为应该将城市按照功能来进行分区。许多建筑师和达·芬奇的想法一致，也想把城市建成多层、立体的。达·芬奇的主要设计思路是：城市应该向上生长，而不是向外扩张，要有一体化的供水和排水系统，还要有高效的交通网络。这些思想至今仍具有很大的影响力。

运河城市

达·芬奇这么喜欢研究水，当然会在自己规划的城市中充分利用水资源。他提出，由附近的河流提供水源，建立一个分布在城市下层的运河网络，用于交通运输。达·芬奇还设计了多个船闸和港池，方便船只通行。运河里的水可以通过管道流经各栋楼房，帮助排污。如果运河的水不流动，就会变成又脏又臭的死水，容易让人生病。针对这个问题，达·芬奇设计了一个液压系统，可以使运河的水不停流动，保持水质干净。

被忽略的非凡创意

达·芬奇的那些奇思妙想如果当时就能得到发表、被同时代的工程师们好好研究和采纳，那么或许他的影响力会比现在大得多，我们也早就能用上飞机、潜水服、汽车和机器人了。令人遗憾的是，他的笔记和草图似乎注定被科学界忽视。这些创意沉睡了几百年，等到被人们发现时，新的材料、制造方法和能源都已经被开发出来了。因此，达·芬奇的发明注定是那个时代的稀世珍宝，而无法成为技术史上的里程碑。

受到大自然启发

科学家们沿用了达·芬奇的发明方法——在自然界中寻找灵感。达·芬奇发现了动物解剖学与机械原理之间的相似之处，并认为，关节和肌腱相当于铰链和绞车，而肌肉和骨骼相当于齿轮和杠杆。

达·芬奇设计的飞行器和蝙蝠的对照图

通过观察飞鸟，达·芬奇设计了飞行器；他发明的坦克的外壳则是模仿乌龟壳而设计的；他看到种子从枫树和梧桐树上掉下来，因此受到启发，发明了旋翼机，也就是现代直升机的前身。这就是今天我们所说的“生物仿生”——借助大自然的智慧来对科技进行创新。

“人类的发明再巧妙，也比不上大自然的设计。大自然的设计美丽、简单又直接，一切都是刚刚好，不多一点儿，不少一分。”

——列奥那多·达·芬奇

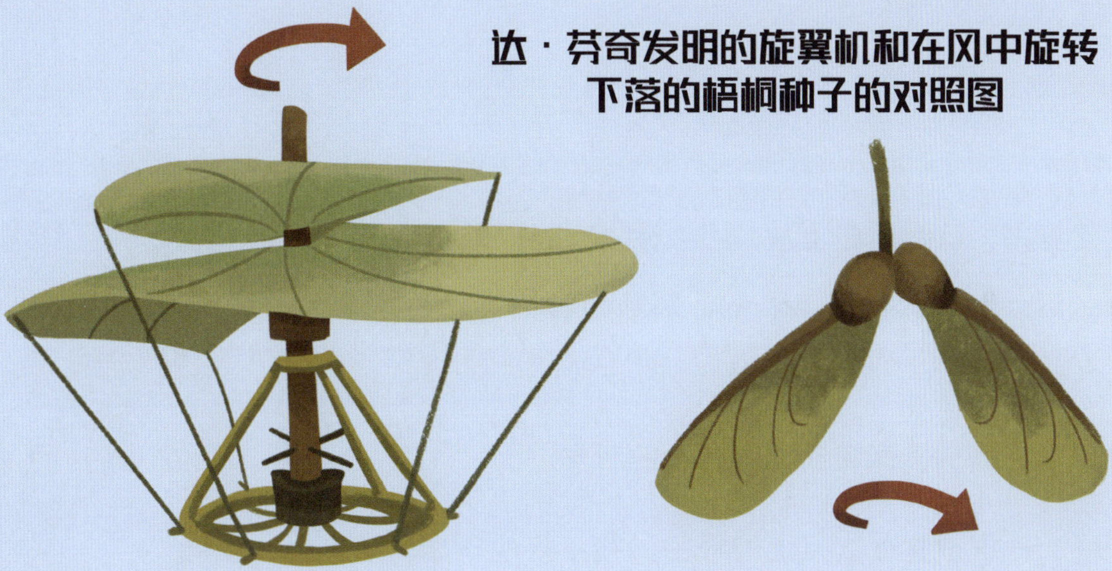

宝贵的精神财富

达·芬奇为我们树立了一个好榜样。他充满好奇心，对周围的一切事物都很感兴趣，而且有干劲、肯钻研。他是科学家，却为绘画带来了新技术；他是艺术家，却给科学研究带来了新方法；他是工程师，善于用创新思维解决问题，为后人指明道路。达·芬奇虽然生活在500多年前，却在今日依然激发着我们的想象力。他激励我们无论面临多么艰巨的挑战，都要勇于提出问题、进行实验，这样才能找到解决方案。

术语表

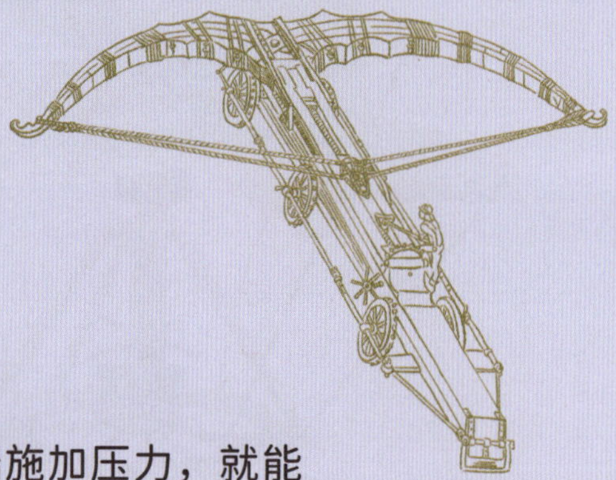

文艺复兴：欧洲历史上从14世纪到17世纪的一个时期。这一时期，科学、艺术、建筑和音乐得到全面复兴。

解剖学：研究人体和动物体结构的科学。

杠杆：一根放置在支点上的杆子。在杠杆的一端施加压力，就能撬动附在杠杆另一端上的重物。

滑轮：一个可以绕轴转动的轮子，轮的边缘有沟槽，绳子绕着沟槽跨过轮子。滑轮能改变施加到绳索上的力的方向，用于提升重物。

轴：贯穿在一组轮子中间的杆子。

齿轮：一种轮状的机械元件，轮缘上有齿，能连续啮合，用于改变其他机件的速度或方向。

真空：空气被去除，没有任何气体的空间。

摩擦力：两个相互接触并挤压的物体发生相对运动或具有相对运动趋势时，接触面上就会产生阻碍相对运动或相对运动趋势的力。

舵：船只或飞机上用于控制航行方向的装置。

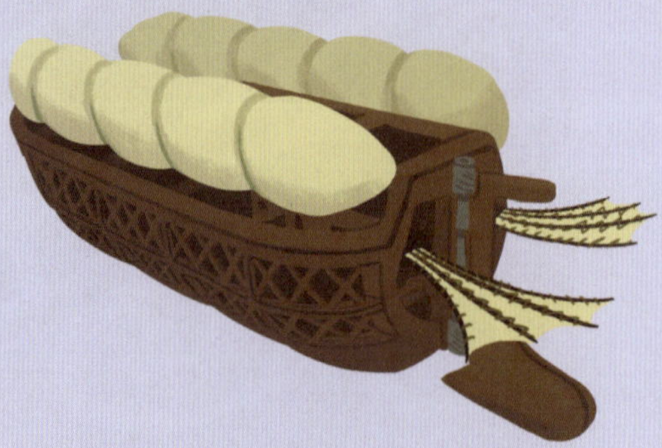

阀门：控制气体或液体在管道中流动的装置。

潜水钟：一种底部开口的容器，外形与钟相似，里面充满空气，可以为潜水员提供空气。

支点：中心点。机械装置可以绕着这个点旋转。

绞车：一种起重设备，绞车鼓上缠绕着绳索或链条，可通过手摇曲柄转动。

平衡重：平衡另一物体重量的重物。

曲轴：弯成直角的轴或杆，可以把往复运动转换为圆周运动，或者把圆周运动转换为往复运动。

挖泥船：一种船只，专门用来清理河道等水域的淤泥、杂草及垃圾。

牵引：在道路等表面拉或拖某物。

齿条和小齿轮：一种条形齿轮与小齿轮啮合的组合元件。

擒纵装置：一种钟表里的构件，由重锤或弹簧提供驱动力，能以一定的频率锁定和释放齿轮，使齿轮以一个固定的速度运动。

摆：悬挂在固定支点处的物体，可以自由摆动。常用于钟表机械，能使钟表走时准确。

提升卷扬机：用于提升重物的装置。

焊接：一种加热金属部件的表面，直至金属熔化，然后将金属部件连接在一起的技术。

线轴：一种圆柱形或圆锥形的绕线筒，用于纺织。

透视法：在二维表面上展现三维景物的艺术技法，能呈现出景物真实的空间感。

液压：将液体压力作为动力源。

著作权合同登记号：图字：02-2025-055

图书在版编目（CIP）数据

达·芬奇的奇思妙想 / (英) 迈克尔·利奇 (Michael Leach)，(英) 梅里埃·兰德 (Meriel Lland)，(英) 亚历克斯·伍尔夫 (Alex Woolf) 著；(哥伦) 朱安妮塔·隆多诺·加维里亚，(墨) 葆拉·萨穆迪奥绘；李小平，韩雪婷，金凯译. -- 天津：天津科技翻译出版有限公司，2025. 5. -- (科学家的故事). -- ISBN 978-7-5433-4696-3

Ⅰ. K835.465.72-49

中国国家版本馆CIP数据核字第2025K6T447号

出　　版：天津科技翻译出版有限公司
出 版 人：方　艳
地　　址：天津市和平区西康路35号
邮政编码：300051
电　　话：（022）87894896
传　　真：（022）87893237
网　　址：www.tsttpc.com
印　　刷：天津中印联印务有限公司
发　　行：全国新华书店
版本记录：889mm × 1194mm　16开本　16印张　180千字
2025年5月第1版　2025年5月第1次印刷
定价：158.00元（全4册）

（如发现印装问题，可与出版社调换）

BIG IDEAS FOR CURIOUS MINDS

科学家的故事 3

ALBERT EINSTEIN'S THEORY OF RELATIVITY

爱因斯坦的相对论

［英］迈克尔·利奇（Michael Leach）［英］梅里埃·兰德（Meriel Lland）［英］亚历克斯·伍尔夫（Alex Woolf）◎著
［哥伦］朱安妮塔·隆多诺·加维里亚（Juanita Londoño-Gaviria）［哥伦］葆拉·萨穆迪奥（Paula Zamudio）◎绘　李小平　韩雪婷　金凯◎译

天津出版传媒集团
天津科技翻译出版有限公司

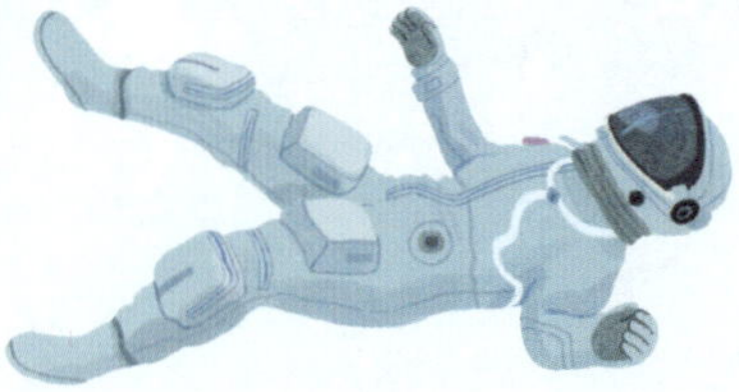

目 录

CONTENTS

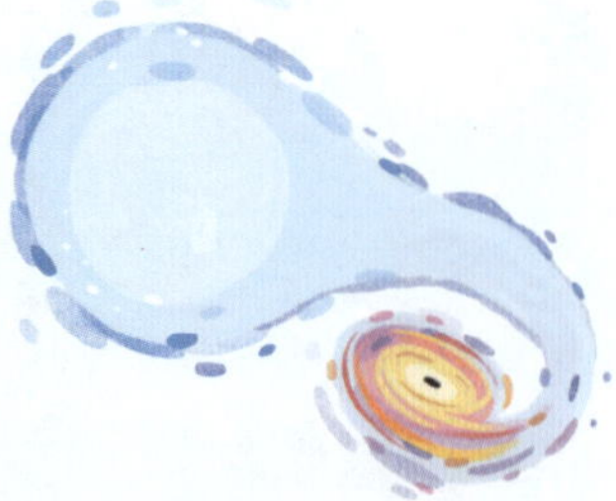

引言

改变世界的“天才”科学家

畅游在现代物理学的海洋

打开爱因斯坦的“科学百宝箱”

用想象力破解宇宙未解之谜

引　言

向“绝对真理”发起质疑

阿尔伯特·爱因斯坦是人类历史上最伟大的科学家之一。他一生中做出了许多杰出的贡献，从根本上改变了人类对空间、时间、引力和运动的理解。

牛顿物理学说

阿尔伯特·爱因斯坦

在爱因斯坦提出的学说横空出世之前，物理学界最重要的基石就是由物理学家艾萨克·牛顿（1643—1726）提出的一系列定律。然而，爱因斯坦提出了一些前卫的新思想，其内容恰恰与牛顿提出的理论背道而驰。在长达200多年的时间里，牛顿物理学说一直享有至高无上的地位，人们广泛认为这是人类探索宇宙所得出的绝对真理。但在20世纪初，爱因斯坦开始公然对其提出质疑。

绝对时空观

想要了解牛顿和爱因斯坦之间的分歧，我们不妨先想象一下：如果宇宙中的一切全都突然消失了，还会剩下些什么？根据牛顿提出的理论，只会剩下一个绝对干净的空间。他认为，不管空间里有没有物体，空间都是实际存在的东西。对他来说，空间是永恒不变的。往空间中填充物体，就像在一页有图表的纸上画出一个点一样——图表上的点可能会随意移动位置，但图表本身并不会产生变化。这种理论就叫“绝对空间”。

艾萨克·牛顿

牛顿相信时间也有绝对性。在空无一物的宇宙中，当然不会有任何事件发生。既然什么都不会发生，也就不存在“一件事发生在另一件事之前或之后”的说法。不过，牛顿坚持认为，时间仍然存在。它以恒定的速度流动，即使没有任何事件来标记各个时间点，它也不受任何影响。而爱因斯坦推翻了这一理论，从此改写了物理学中一些重要的观点。

机械宇宙观

然而，宇宙中并非空空如也，而是充满了各种各样不断运动的物体。牛顿提出了关于物体如何在力的作用下运动的定律，即牛顿运动定律（包括牛顿第一运动定律、牛顿第二运动定律和牛顿第三运动定律）。他最伟大的发现之一是万有引力定律，其内容为：任意两个物体之间都存在一种引力，该引力的大小与这两个物体的质量和二者之间的距离有关。牛顿运动定律和万有引力定律表明，物体的运动方式是可预测的。从这个意义上来说，宇宙就像一个巨大的机械装置，自成一体、自行运转。

有缺陷的宇宙模型

直到今天，牛顿运动定律仍然影响着我们的生活。现在，科学家仍然运用这些定律来测定行星的轨道。除此之外，向火星发射宇宙飞船也离不开这些定律的帮助。在爱因斯坦生活的时代来临之前，牛顿物理学说一直是科学家开展研究的主要工具。不过，牛顿所构想的机械宇宙模型是有缺陷的。爱因斯坦根据自己的发现指出了牛顿的错误。

早期相对论的诞生

爱因斯坦提出学说的重中之重就是相对论，但“相对论”这个术语最早并不是由他提出来的。早在1632年，这个概念就已经存在了。在牛顿之前，意大利科学家伽利略·伽利雷（1564—1642）就曾提到过相对论的说法。相对论的基本观点是，不管对于运动的还是静止的物体，物理定律都是适用的。因此，你根本无法证明自己在运动，你所能证明的只是自己相对于其他事物运动得更快或更慢。

伽利略·伽利雷

静止的船

想象一下，有一艘大船停泊在平静的海面上，有几只蝴蝶在船舱里飞来飞去，水滴从一个倒挂在屋顶上的瓶子里不断地落进下方的桶里，而你和你的朋友正互相扔球玩。

运动的船

接着，再想象这艘大船在平静的海面上匀速航行。你会发现，和刚才相比，这间船舱里的一切都没有发生任何变化。蝴蝶仍然在船舱里飞来飞去，瓶子里的水还在笔直地往下滴落，你扔球的力度也和刚才一样。换句话说，我们没法依靠物理方法来判断船到底是静止的还是匀速运动的——这就是刚才提到的，物理定律始终适用。伽利略由此得出结论：匀速运动和静止实际上是一回事。

运动是相对的

为了证明这一点，让我们跟随伽利略一起登上这艘船。在它旁边有另一艘船，两艘船以完全相同的速度航行。旁边的船看起来并没有动，但只要你从船舷处俯身，就能看见船头在水中高速移动，激起了白茫茫的浪花。这个实验表明，运动是相对的。如果世界上的所有物体都以同样的速度运动，那就相当于谁也没动。只有当两个物体以不同的速度产生相对位移时，运动才会产生。

伽利略提出的相对论一直是物理学的研究基础，但到了19世纪，电学、磁学和光学方面取得了新进展，相对论陷入了难以突破的困境。最终，爱因斯坦找到了打破瓶颈的方法，提出了更加先进的相对论。

充满想象与矛盾的物理世界

在修正伽利略提出的学说的过程中，有一个人曾做出了巨大贡献，他就是苏格兰物理学家、数学家詹姆斯·克拉克·麦克斯韦。他计算出了一组描述电和磁之间关系的方程，这些方程与伽利略提出的相对论存在矛盾之处。

电与磁的关系

麦克斯韦方程组表明，电和磁本就同源，它们分别属于电磁学的不同范畴。麦克斯韦得出“电磁以波的形式在空间中传播”的结论，并计算出电磁波的传播速度等于光速（大约每秒30万千米）。通过实验，科学家们很快证实，光本身就是一种电磁波，无线电波、X射线和后来发现的其他波同样是电磁波。

詹姆斯·克拉克·麦克斯韦

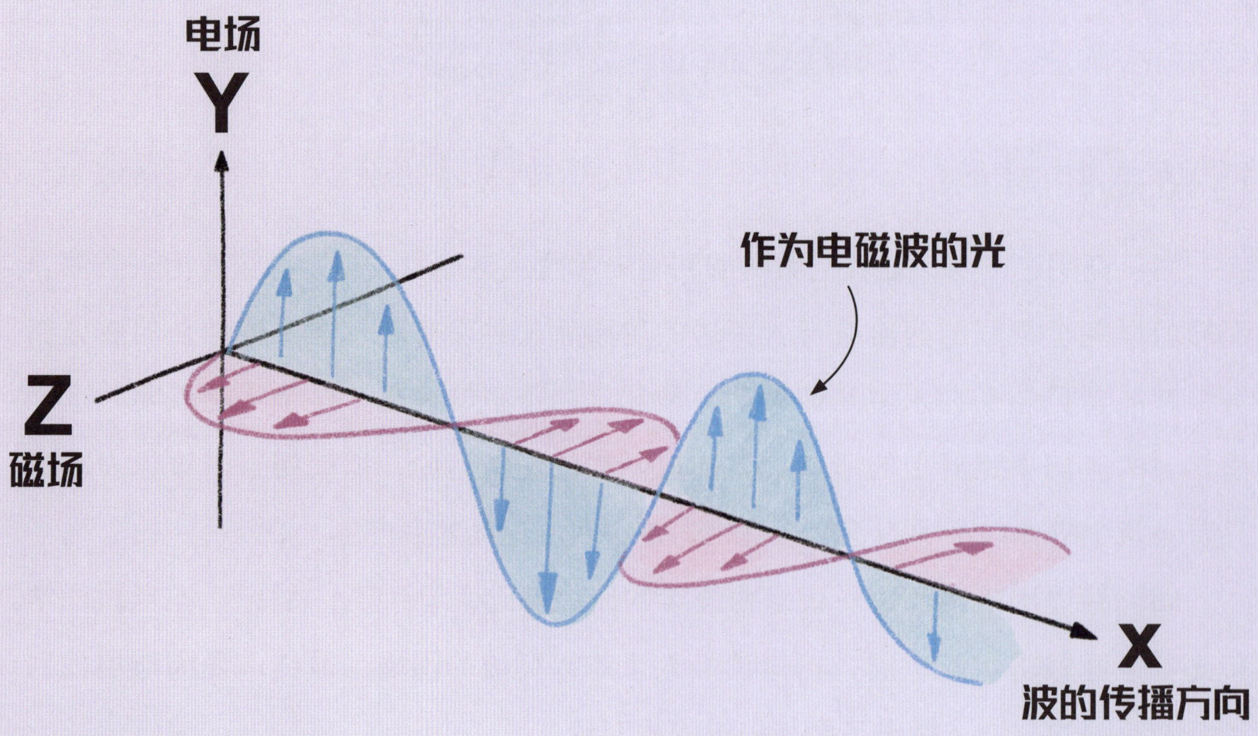

光速恒定不变

麦克斯韦方程组向伽利略提出的理论发起了严峻的挑战。根据伽利略提出的相对论，所有运动都是相对的。也就是说，如果一辆汽车以100千米/小时的速度行驶，那么车灯发出的光就将以光速再加上100千米/小时的速度传播。但根据麦克斯韦方程组进行推算，光速恒定不变，并不是相对的。

光速是恒定的

神秘的以太

针对这个问题，科学家们想出了一个可能正确的答案：光需要通过一定介质来传播，就像声波需要通过空气等介质才能传播一样。在伽利略设想的那艘船上，声音之所以能在船舱内以恒定的速度传播，是因为声音所通过的空气相对于船舱是静止的（声音在静止空气中的传播速度是不变的）。因此，科学家们推断，光也必须通过一种介质传播，他们把这种介质称为“以太”。以太没有重量，看不见也摸不着，却渗透在所有物质和空间中。不过，还有一个问题摆在科学家面前——没有人能证明以太的存在！

迈克尔逊-莫雷实验

1887年，两位科学家——阿尔伯特·迈克尔逊和爱德华·莫雷进行了一项实验来验证以太是否存在。根据他们的推断，如果光线在以太中的传播速度是恒定的，那就可以通过比较地球转动方向及其垂直方向上的光速是否相同，来检测地球是否在以太中运动。实验结果表明，两个方向上的光速并没有差异。迈克尔逊-莫雷实验否认了以太的存在，因此，麦克斯韦方程组和伽利略提出的相对论之间的矛盾仍然无法解决。

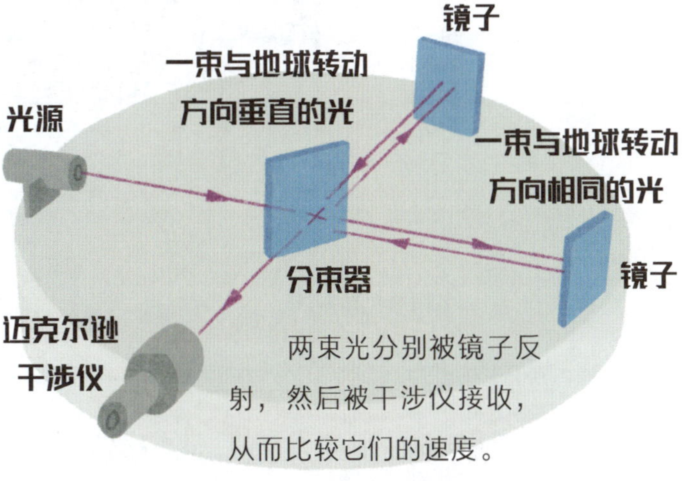

迈克尔逊-莫雷实验

改变世界的“天才”科学家

思维活跃的数学奇才

1879年3月14日，阿尔伯特·爱因斯坦出生于德国乌尔姆的一个犹太家庭。他在6周大的时候，父母就带他搬到了慕尼黑生活。爱因斯坦很晚才开口说话，就连家里的女仆都戏称他为“笨瓜”。他的父母对此非常担心，甚至带他去看了医生。

对科学充满热爱

爱因斯坦5岁时，父亲送给他一个带磁针的罗盘。他发现，有一股无形的力量牵引着指针总是指向北方。他被这种神秘的现象深深地吸引，从此将一生都献给了科学研究。在上学的前几年，爱因斯坦的数学成绩在班上一直名列前茅。12岁时，父母给他买了几何和科学方面的书籍，他便开始利用课余时间学习这些自己感兴趣的科目。

追逐一束光

爱因斯坦思维活跃又敢于想象，喜欢用图画来呈现自己的思考过程，但不太擅长文字表达。16岁时，他开始思考一个问题：如果用无比快的速度去追逐一束光，会产生什么结果？爱因斯坦推断，如果能够追上光，那么空间中的光就会像被冻结了一样静止下来。但他知道光不可能静止下来，因为麦克斯韦方程组表明，光速是恒定不变的。这种矛盾使爱因斯坦陷入了深深的困惑。在接下来的10年里，他一直努力研究这个问题，最终提出了狭义相对论。

找到前进的方向

在意大利生活了一段时间后，爱因斯坦于1896年搬到了瑞士苏黎世，进入一所理工学院攻读数学和物理专业。在大学期间，爱因斯坦并不用功，因此他的导师拒绝向雇主推荐他。他应聘过一份实验室助理的工作，但是没有被录用。1902年，爱因斯坦在瑞士首都伯尔尼的政府专利局找到了工作。正是在这里，他提出了一系列学术理论，推动了世界物理学的大变革。

大学期间，爱因斯坦结识并爱上了他的同学米列娃·玛丽克。他们于1903年结婚，后来生育了两个孩子。

穿越至“爱因斯坦奇迹年”

在专利局工作期间，爱因斯坦负责对专利申请进行评估和鉴定，并为其发明者和经销商授予专利许可证。这份工作十分轻松，于是爱因斯坦拥有充足的时间来思考。在工作时，爱因斯坦时常被自己评估的发明所启发。

撰写科学论文

从这时起，爱因斯坦开始撰写科学论文，并把它们寄给《物理年鉴》杂志社。在专利局工作的前3年，爱因斯坦大约每年都能发表一篇论文。1905年，年仅26岁的爱因斯坦发表了4篇论文。这一年后来被称为“爱因斯坦奇迹年”，因为这一年里他发表的每一篇论文都是重量级的物理学巨作，其中两篇更是彻底改变了人们对空间、时间、质量和能量的认识。

光电效应

爱因斯坦于1905年发表的第一篇著名论文向世人解释了神奇的光电效应。他提出，光可以作为独立的能量体或是以粒子的形式存在（后来这一理论得到证实，这种基本粒子被称为“光子”）。正是这篇学术论文使爱因斯坦获得了诺贝尔奖。

布朗运动

他的第二篇论文介绍了布朗运动。布朗运动指悬浮在液体或气体中的微粒所做的永不停息的无规则运动。这篇文章帮助科学家在实验中间接观察到了原子和分子的运动方式，从而证明了它们的存在。

相对论

在第三篇论文中，爱因斯坦提出了狭义相对论。这个理论探讨了光速及其与时间和空间的关系，从而解决了自麦克斯韦方程组问世以来就一直困扰物理学界的问题。

质能方程

第四篇论文阐释了狭义相对论中的一个结论，即质量和能量是同一事物的不同形式。正是在这篇文章中，爱因斯坦提出了震惊整个科学界的方程：$E=mc^2$。

拥有“超级人气”的大学教授

这4篇论文发表没多久，爱因斯坦就在世界顶级物理学家中红极一时。他在1905年发表的论文内容既前卫又宏大，即使其中一些论断还没有完全被物理学界所认可，爱因斯坦也凭借它吸引了全世界的目光。

影响力与日俱增

不久之后，其他物理学家便开始专门来到伯尔尼拜访爱因斯坦，希望能和他一起进行研究。1906年，爱因斯坦取得了博士学位。自此，他在科学界占据了一席之地。1908年，他辞去了专利局的工作，开始潜心治学，他在学术界的地位和影响力也与日俱增。爱因斯坦先后在瑞士伯尔尼、瑞士苏黎世、捷克共和国布拉格，以及德国柏林的多所著名大学任教，并于1911年荣获教授头衔。

取得科学突破

与此同时，爱因斯坦继续研究相对论。1907年，他提出了等效原理。1915年，他终于将广义相对论这一极具价值的经典理论奉献给了全世界。

一位和平主义者

1914年，第一次世界大战爆发。许多著名的德国知识分子被煽动，签署了一份名为《告文明世界书》的文件，表示支持德国发动战争。爱因斯坦是为数不多的几位拒绝签署文件的科学家之一。相反，他在另一份文件《告欧洲人民书》上署名，努力倡导世界和平。他写道："在这样的时刻，人们会意识到自己是多么可怜的一种动物。"终其一生，爱因斯坦都是一位和平主义者，他认为所有战争都是不合理的。

离婚再婚

随着爱因斯坦的名气越来越大，他与米列娃·玛丽克的婚姻逐渐陷入了危机。夫妻二人经常发生争吵，原因是爱因斯坦经常外出参加各种会议，或者全身心沉浸在相对论的研究当中。1919年，爱因斯坦和米列娃离婚，3个月后迎娶了自己的表姐爱尔莎·勒文塔尔。

爱因斯坦与他的第二任妻子
爱尔莎·勒文塔尔

享誉世界的明星科学家

爱因斯坦曾根据自己提出的广义相对论推测：由于引力对光的影响，星星发出的光线在靠近太阳时会产生弯曲；在日食出现的时候，就能看出星光弯曲的方向。1919年，为了验证爱因斯坦的说法，有人专门拍摄了日食的照片，结果证明爱因斯坦提出的理论是正确的！各大媒体争相报道这一发现的重要性，几乎在一夜之间，爱因斯坦就成了全世界最著名的科学家。

爱因斯坦和查理·卓别林

诺贝尔奖

伦敦《泰晤士报》称相对论“发起了科学革命”，并宣称“牛顿的思想被推翻了”。世界各大研究机构的来信像雪花一样飞向名声大振的爱因斯坦，他们都想邀请他来介绍这个新理论。1922年，爱因斯坦被授予诺贝尔物理学奖，但并不是因为他提出了相对论。当时，诺贝尔奖委员会并没有承认相对论的权威性，他们把这个奖颁给爱因斯坦是为了表彰他在光电效应方面所取得的成就。

游历世界

1921至1923年间，爱因斯坦进行了几次国际巡回演讲，访问了美国、英国、法国、西班牙、新加坡、锡兰（现在的斯里兰卡）、日本等国。不管走到哪里，爱因斯坦都能收获成千上万的追捧者，并受到极为尊贵的礼遇。在日本，天皇和皇后热情地在皇宫接见了他；在西班牙，国王亲自为他颁发了名誉教授证书。1925年，他还到达了南美洲，访问了阿根廷、乌拉圭和巴西。

回到美国

1930至1931年，爱因斯坦返回美国。在纽约参观歌剧院时，观众们兴奋地为他欢呼，连哥伦比亚大学校长都称他为“精神领袖”。在加利福尼亚，爱因斯坦结识了电影明星查理·卓别林，他们一见如故，成为亲密的朋友。在卓别林最新电影的首映式上，喜欢他们的人把现场围得水泄不通。卓别林说：“人们为我欢呼是因为他们都能理解我，为你欢呼是因为没有人能理解得了你。”

充满艰辛的晚年生活

对于爱因斯坦来说，20世纪30年代是个艰难的“多事之秋”。1930年，他的儿子爱德华患上了精神分裂症，只能在精神病院中度过余生。1936年，爱因斯坦深爱的妻子爱尔莎去世了，他还目睹了纳粹党在他的出生地德国对犹太人开展的大肆杀戮。1933年10月，爱因斯坦在普林斯顿高等研究院任职，并在那里度过了自己的晚年时光。1940年，爱因斯坦正式加入美国国籍。

“我这一生中犯的一个大错，就是写信给罗斯福总统，建议他制造原子弹。但这确实是有理由的——如果德国人抢先制造出原子弹，那就真的危险了。”

——阿尔伯特·爱因斯坦，这句话记录于莱纳斯·鲍林与爱因斯坦会面的自述中，1954年11月16日

烧毁书稿

1933年，纳粹党开始推行反犹太主义政策。他们组织焚烧犹太作家的作品，其中就包括爱因斯坦的书稿。纳粹党还谴责相对论是“犹太物理学”，并组织100名科学家炮制了一本名为《百人驳相对论》的书，以此质疑爱因斯坦提出的相对论是错误的。爱因斯坦对此不屑一顾，回应道：“如果我的理论是错的，一个人反驳就足够了。然而，100个‘0’加起来还是‘0’。”

原子弹升空

爱因斯坦曾提到，质能方程$E=mc^2$可能会使制造一种威力巨大的炸弹成为现实。作为一名终生和平主义者，爱因斯坦对20世纪30年代的物理学家潜心研发“原子弹”这种武器感到十分震惊。但是，他最担心的是纳粹党抢先发明出原子弹，那样的话，世界可就遭殃了。1939年7月，美籍匈牙利物理学家利奥·西拉德说服爱因斯坦给美国总统富兰克林·罗斯福写信，敦促美国也制造原子弹来对抗纳粹党的威胁。正是这封信促成了曼哈顿计划，为制造世界上第一颗原子弹铺平了道路。

后来，爱因斯坦对于自己给罗斯福总统写信以建议他制造原子弹的事情感到非常后悔。

最后的时光

晚年时期，爱因斯坦仍在坚持进行科学研究，但他却与主流物理学界渐行渐远。那时，大多数物理学家都在研究量子论，而爱因斯坦在光电效应方面的研究成果正是量子论得以建立的基础。不过，爱因斯坦并不认同量子论，他认为量子力学中的定律与广义相对论中的定律互相违背。他决心提出一种“万有理论”来统一解释宇宙中所有的力学原理。遗憾的是，爱因斯坦没能坚持到实现这个目标。1955年4月17日，他因腹主动脉瘤破裂引发内出血而与世长辞。

畅游在现代物理学的海洋

走近狭义相对论

1887年，迈克尔逊-莫雷实验证明了以太并不存在，这使物理学的发展陷入了困境。实验证明，光速是恒定的，而这个结论与伽利略提出的相对论相矛盾。世界顶尖的物理学家都在研究这个问题，最终提出了一些极具颠覆性的理论。荷兰物理学家亨德里克·洛伦兹和法国数学家亨利·庞加莱另辟蹊径，尝试用全新的思路来解决这个问题。

洛伦兹认为，当物体的运动速度接近光速时，它在运动方向上的长度会缩短。

洛伦兹和庞加莱

洛伦兹认为，物体在运动时，其长度会沿着运动方向缩短。比如，对于一辆行驶的汽车来说，它只会变短，而不会变矮。而且汽车行驶得越快，收缩的程度就越大，而收缩的长度恰好是保持光速恒定所需要的程度。庞加莱认为，对于运动的物体来说，时间会流逝得更慢，于是他要求洛伦兹修改洛伦兹变换公式。

解决矛盾的新思想

在当时的物理学家看来，洛伦兹和庞加莱的想法简直匪夷所思。虽然从数学角度来说，洛伦兹变换公式是成立的，但很少有人相信这些理论能对现实问题产生影响。1904年，庞加莱曾针对这个问题做过一次演讲，呼吁物理学家尝试提出一种全新的关于光速的相对论。他完全没有想到，仅1年后，来自伯尔尼的一位名不见经传的专利技术员就将这一设想变成了现实。

逃离钟楼

1905年，爱因斯坦每天早晨都会和他的朋友兼同事米歇尔·贝索一起步行去上班，边走边讨论那些困扰着物理学界的问题。这年5月的一个傍晚，爱因斯坦出神地凝视着伯尔尼市中心的钟楼，想象着一个在现实中不可能出现的场景。他想，如果以光速逃离钟楼，会发生什么呢？如果他能做到这一点，那么钟楼处的光线就追不上他了。这样一来，时钟和时间本身就都会像被按下暂停键一样停止了。但这怎么可能呢？就在这时，他突然想到了可能正确的答案——时间是相对的，它既可以变长，也可以变短。洛伦兹和庞加莱提出的理论都说明时间是灵活的，但他们做出这个假设只是为了让数学公式成立，而爱因斯坦真正发现了时间能够变化。6周后，他终于写出了关于狭义相对论的论文。

运动竟让时间变慢

在这篇关于狭义相对论的文章中，爱因斯坦解释说，时间是相对的，这表示以不同速度运动的人对时间的体验是不同的。和一个静止不动的人相比，你走得越快，就会感觉时间过得越慢。这是为什么呢？为了理解这一点，现在来一场头脑风暴，想象下面的场景吧！

飞驰的火车

想象一下，你正乘坐一列速度为每小时100千米的火车上飞驰。旁边的轨道上，另一列火车以每小时130千米的速度从你身边呼啸而过。在你看来，它的速度并不快，和自己只相差每小时30千米而已。再想象一下，你乘坐的火车加速到每秒10万千米，也就是光速的1/3。从理论上讲，如果这时有一束光从火车旁边照射过去，你感觉光的速度应该等于实际的光速减去火车的速度，也就是说这束光正以每秒20万千米的速度超过火车。然而，当我们用秒表测量光束的速度时，就会发现它的速度仍然是每秒30万千米——也就是说，它的速度依然等于实际的光速。而且不管你运动的速度有多快，测量结果都是一样的，因为光速是恒定的。

变慢的秒表

这里存在一个矛盾：你的速度已经是光速的1/3，秒表却还是显示光束以光速运动。爱因斯坦认为，能解开这个悖论的答案只有一个，那就是你的秒表及你的时间变慢了。从你自己的角度来看，秒表似乎并没有变慢，但其他站在原地读取秒表的人会发现，你的秒表变慢了。

难以察觉的变化

爱因斯坦认为，我们运动得越快，时间就流逝得越慢，这就是所谓的“时间膨胀”。但是，为什么我们感受不到时间的变化呢？为什么不论运动还是静止，大家都能使彼此的时间达成一致呢？我们是怎么赶上火车、准时到达会议地点的呢？这是因为在我们日常的运动速度下，时间的减速是非常微弱的；只有当我们运动的速度接近光速时，这种减速才会变得明显。

运动竟让长度变短

亨德里克·洛伦兹在解释迈克尔逊-莫雷实验时，提出了“物体在运动时会发生长度收缩”的大胆设想，使洛伦兹变换公式成立。

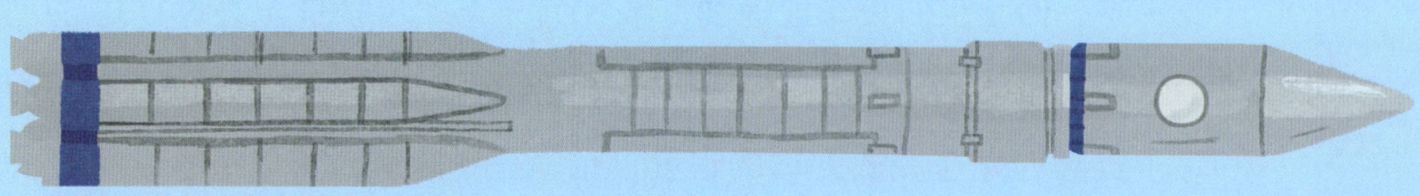

静止长度为200米。

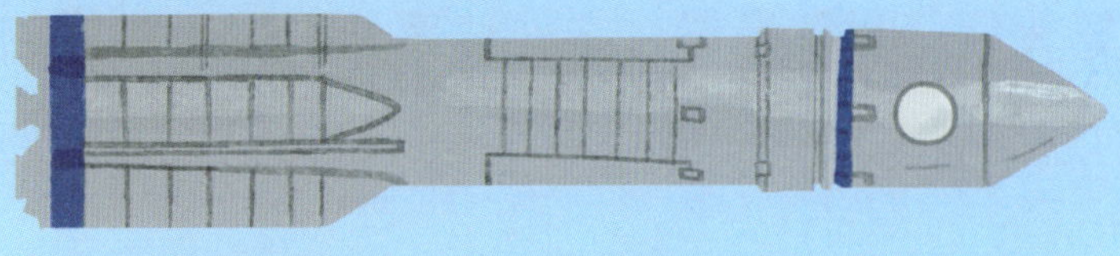

运动速度达到光速的86.5%时，其长度为100米。

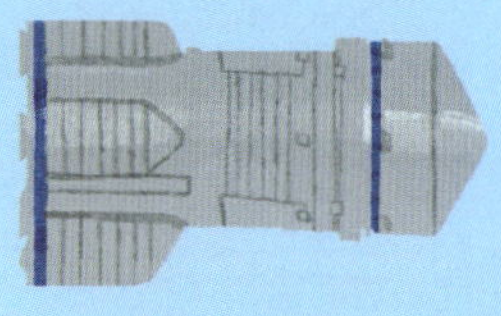

运动速度达到光速的99%时，其长度为28米。

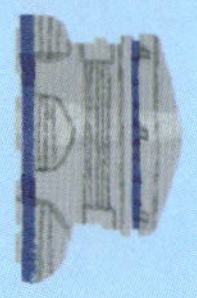

运动速度达到光速的99.99%时，其长度为3米。

长度收缩

对于静止的观察者来说，接近光速的宇宙飞船会显得更短，这是因为来自宇宙飞船前部和后部的光到达观察者眼睛的时间相差极短。但对于宇宙飞船上的宇航员来说，飞船的长度仍然与静止时相同。

绝对时空观是错的

爱因斯坦提出的狭义相对论解释了迈克尔逊-莫雷实验得出的结论，他证明了光的传播不需要通过以太。此外，伽利略提出的相对论也涵盖了光的运动。这样一来，爱因斯坦就证明了牛顿的绝对时空观是错误的，因为空间和时间的变化取决于物体运动的速度，而只有光速是绝对恒定的。

空间与时间的特殊关系

爱因斯坦是世界上第一个理解空间和时间之间特殊关系的人。当你站着不动时，虽然空间运动没有发生，但时间运动发生了。可以说，我们所有的运动都是在时间中进行的。当你开始运动时，时间运动就会转化为空间运动。而且你运动得越快，就有越多的时间运动转化为空间运动。这就是为什么在静止的观察者眼中，你的时间变慢了。当你以光速运动时，所有的时间运动都转化为空间运动。于是，对其他人来说，你的时间似乎停止了。

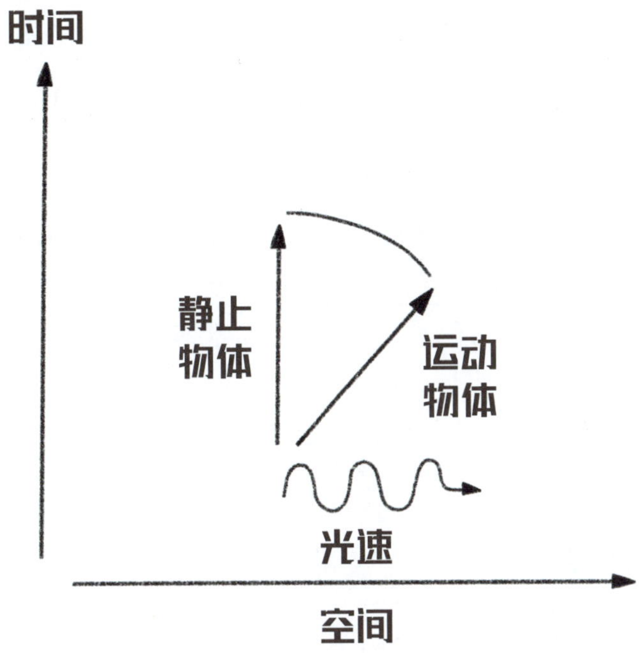

时空的诞生

爱因斯坦证明了时间和空间并不是独立存在的，而是一体的。德国数学家赫尔曼·闵可夫斯基是爱因斯坦的老师，他创造了“时空”这个词来描述这一理论。时空有4个维度，包括3个空间维度和1个时间维度。这个概念在当时听起来十分前卫，却真实地描述了我们在日常生活中所处的时空。比如，你要约一个朋友在下午5点于第三大街的一栋大楼中四楼的咖啡馆里见面，那么这些内容就是你需要告诉对方的时空信息。

赫尔曼·闵可夫斯基的学术成就为爱因斯坦提出相对论提供了巨大的帮助。

质能方程震撼世界

在论文发表后不久，爱因斯坦就想到了另一件与相对论有关的事，这件事将同样对物理学界乃至世界产生巨大的影响。于是，他很快写了另一篇文章来阐述自己的想法。这篇文章发表于1905年11月，内容十分简短，只有3页纸。爱因斯坦通过这篇文章告诉世人：就像时间和空间一样，质量也是相对的，质量和能量是同一事物的不同形式。他用一个简洁的方程概括了这个想法，这就是著名的质能方程——$E=mc^2$。

质能方程的含义

在质能方程中，“E”表示能量，“m”表示质量，“c”表示光速。爱因斯坦提出，能量等于质量乘以光速的平方。光速的平方是一个巨大的数字，这意味着质量很小的物体就能产生巨大的能量。

质量的物理性质

爱因斯坦是如何得出这个结论的？首先我们要理解公式中的质量是什么意思。在日常生活中，我们所说的质量是指一件物品的重量，但对物理学家来说，质量是对物体惯性大小的量度，与物体运动时需要克服的阻力有关。物体的质量越大，就越难移动。

质量随着加速度而变化

爱因斯坦发现，物体需要能量来加速。同时，它的质量也会随着速度变快而增加。在这个过程中，能量被转换为质量。在正常速度下，物体质量的增加量很小。比如，一只鸟在飞行时的质量就比栖息在树枝上时稍微大一些，但两者之间的差值微乎其微，甚至比它身上一根羽毛的质量还要小数十亿倍。

接近光速

当物体接近光速时，它的质量会急剧增加。一旦达到光速，它的质量就会变得无限大。物体的质量越大，运动时所需要的能量就越多。因此，一个无限大质量的物体就需要无限大的能量来帮它加速。这显然是不可能实现的，所以世界上没有什么东西能比光跑得还快。

小质量转化大能量

正如巨大的能量可以转换为很小的质量一样，很小的质量也有可能转换为巨大的能量。在爱因斯坦提出质能方程的40年之后，在第二次世界大战期间，美国向日本广岛和长崎投下了原子弹。这两颗原子弹就是质能转换的有力证据，它们小小的质量释放出了毁灭性的巨大能量，也证明了爱因斯坦的结论是正确的。

走近广义相对论

爱因斯坦提出狭义相对论之后并不满足，因为狭义相对论只能用于研究匀速直线运动的物体。他想把相对论的研究范畴扩展到加速运动的物体，于是走上了钻研广义相对论的道路。最终，他在1915年提出了广义相对论。

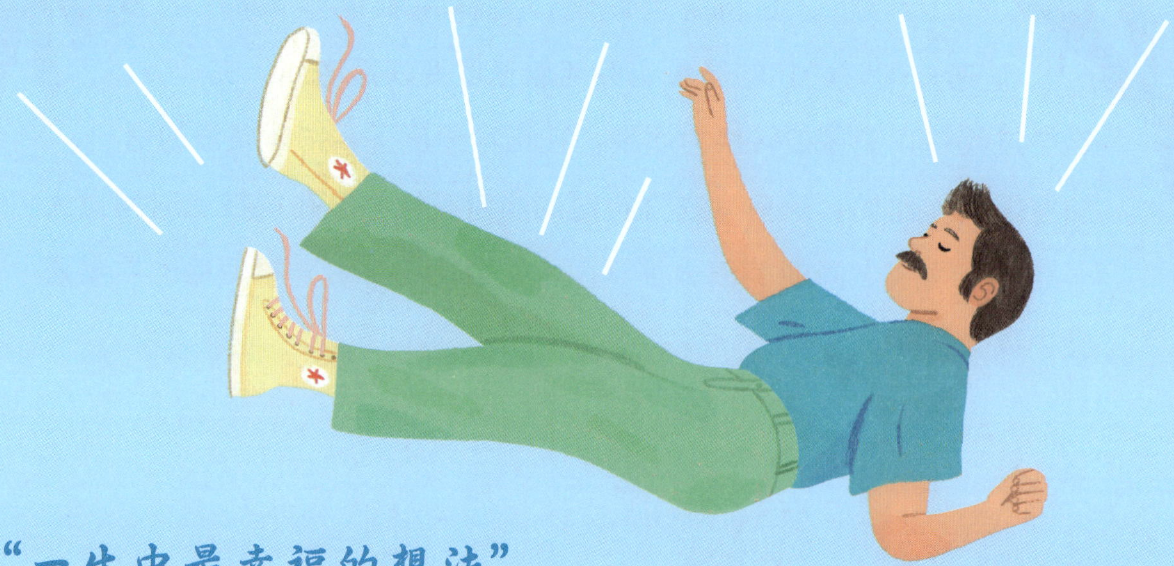

“一生中最幸福的想法”

1907年的一天，爱因斯坦坐在伯尔尼专利局的办公桌前，一个想法突然跃入他的脑海——如果一个人从屋顶上掉下来，坠落的时候是感受不到自己的重量的，也就是说，他感觉不到重力的存在。爱因斯坦顿时豁然开朗，后来甚至把这次想象称为“一生中最幸福的想法”。爱因斯坦意识到，当一个人坠落时，他是失重的，就像在外太空产生了失重感一样。他终于明白了，加速运动和重力是不可分割的。

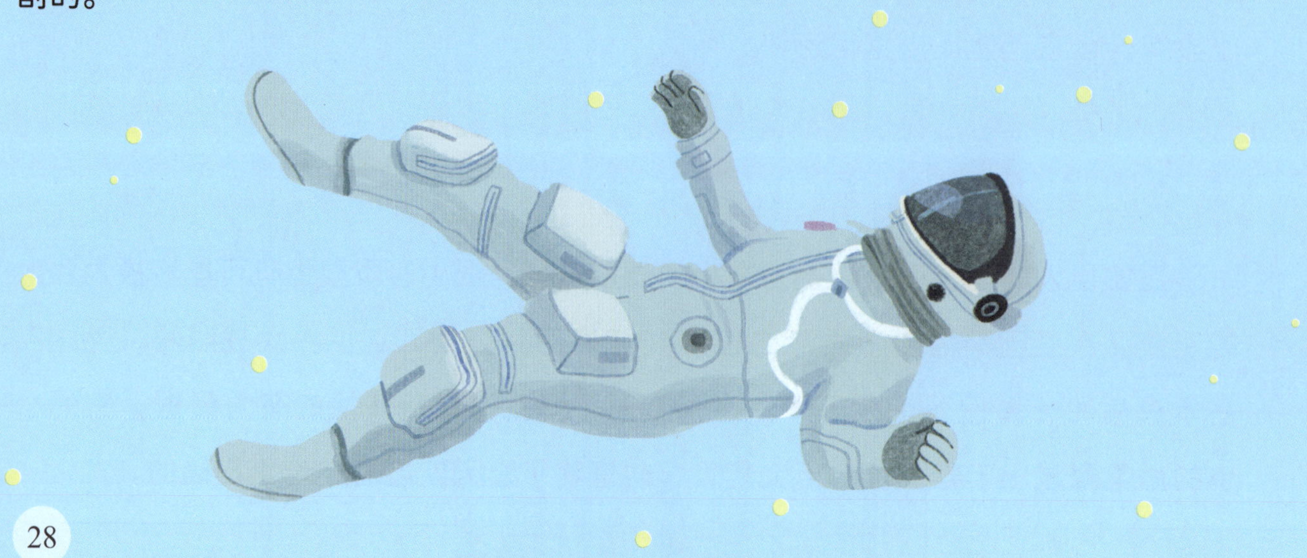

在宇宙飞船中扔一个球

想要理解这个理论的重要性，我们可以想象一艘在太空中加速前进的宇宙飞船。它正以9.8m/s^{2}的加速度飞行，这样船舱里的宇航员就能感受到和在地球上一样的重力。这时，如果宇航员松开手中的一个球，它就会以与在地球上完全相同的速度落在宇宙飞船的地板上。这是因为对于小球来说，宇宙飞船的地板正在加速迎上来。再想象一下，如果这是一艘没有舷窗和噪声的自动飞行器，那么宇航员就无法通过这个实验来判断自己到底是在太空中飞行还是停泊在地球上了。

等效原理

爱因斯坦把这一想法称为“等效原理”，因为它揭示了重力场和加速运动的参考系之间的等效性。在宇宙飞船上，重力只有在加速度存在的情况下才存在。如果宇宙飞船减速，重力也会随之消失。根据爱因斯坦的说法，我们在宇宙飞船上受到的重力作用与在地球上受到的重力作用是相同的。

广义相对论的发展历程

爱因斯坦深知，等效原理是发展广义相对论的关键。他可以提出一个研究加速度的理论，这个理论也同样适用于重力。基于这一点，爱因斯坦提出了一个新的思想实验。

转动圆盘实验

除了向前，物体在任何方向上都可以加速运动。想象一下，你和一个朋友站在一个旋转的圆盘上，圆盘的边缘有一圈围栏。你把自己固定在圆盘中央的转轴上，但你的朋友可以随意移动。随着圆盘转得越来越快（做加速运动），你会看到她被甩到圆盘的边缘，紧紧贴在围栏上。相比之下，由于被固定在中间，你几乎没有移动。如果圆盘足够大而且旋转得足够快，你还能看到其他变化——你的朋友看起来变瘦了，这是因为她的身体在运动方向上缩短了，这种现象印证了洛伦兹提出的长度收缩效应；你还会发现她的时钟变慢了，就是所谓的时间膨胀。

引力扭曲时空

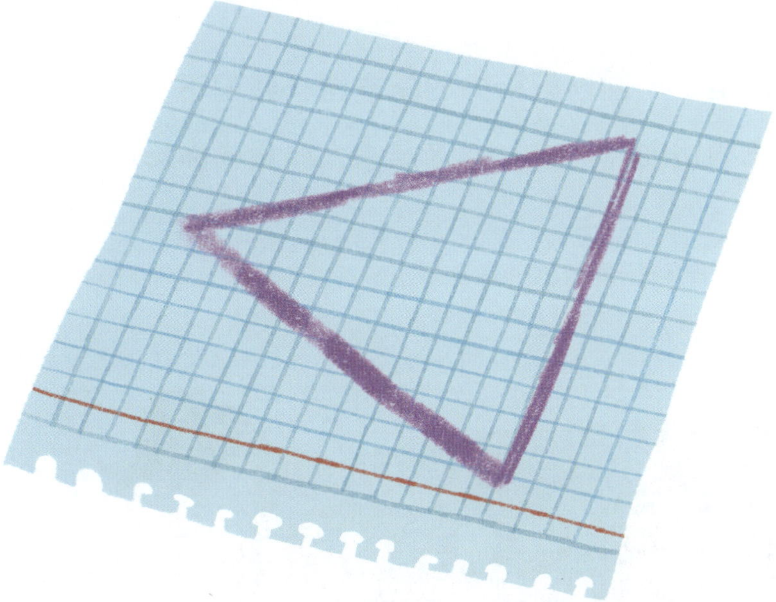

转动圆盘的思想实验让爱因斯坦发现了加速运动会扭曲空间和时间（或者说扭曲时空）。根据等效原理，加速度和引力产生的影响是一样的。因此，爱因斯坦得出结论——引力扭曲了时空。

为了用数学方法来描述时空的扭曲，爱因斯坦需要运用一种适用于曲面的几何模型。

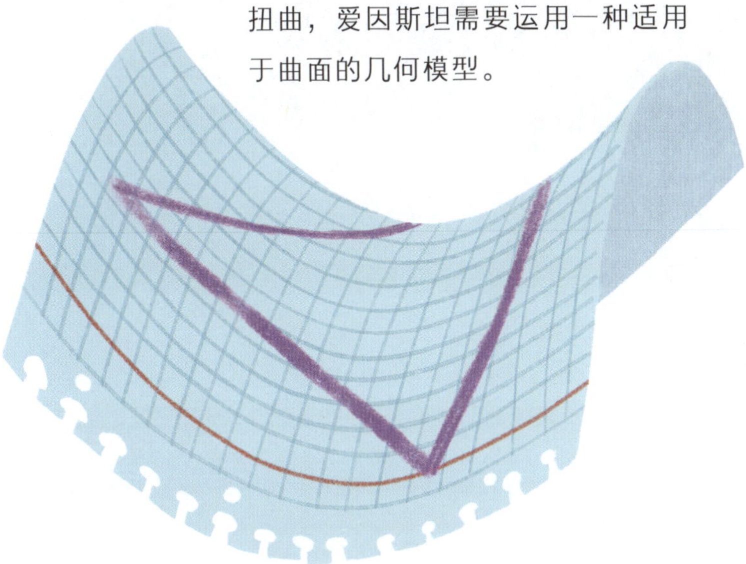

适用于曲面的几何模型

如果用数学方法来计算这个问题，那会非常复杂。我们在学校学的几何几乎都是平面图形，而如果爱因斯坦想要创建一个能够研究引力的相对论体系，他就需要运用一种不同寻常的几何模型——适用于曲面的几何模型。他的朋友、瑞士数学家马塞尔·格罗斯曼向他介绍了黎曼几何，帮助他解了燃眉之急。

全新的引力理论

利用黎曼几何，爱因斯坦研究出了一套与牛顿力学大相径庭的全新的引力场方程。经过10年的努力，他终于完善了广义相对论。后来，这一理论被世人称为“人类历史上最伟大的科学理论之一”。

不可思议的时空扭曲

在广义相对论中，爱因斯坦提出了一种理解引力的新方法：我们不把它理解为一种力学，而是理解为一种时空的扭曲（弯曲），这是由大质量物体影响周围其他物体的运动而引起的。

橡胶垫实验

我们可以把时空想象成一张巨大、有弹性的橡胶垫，把它完全抻平，将四周都绷紧。把一个比较重的东西放在垫子上，比如保龄球。这时它会在垫子表面压出一个较大的凹陷。要是再把一个网球放在垫子上，它就会滚到保龄球旁边。保龄球并不是依靠引力把网球拉过来的，而是因为自身造成了橡胶垫的扭曲。保龄球的质量越大，垫子的扭曲程度就越大，小球滚向它的速度就越快。

我们只能用抽象思维来塑造四维空间，因为人类的大脑无法想象出四维空间的模样，就像我们无法想象出电的模样一样。

——阿尔伯特·爱因斯坦，摘自《星期六晚邮报》上刊登的一次专访，1929年10月26日

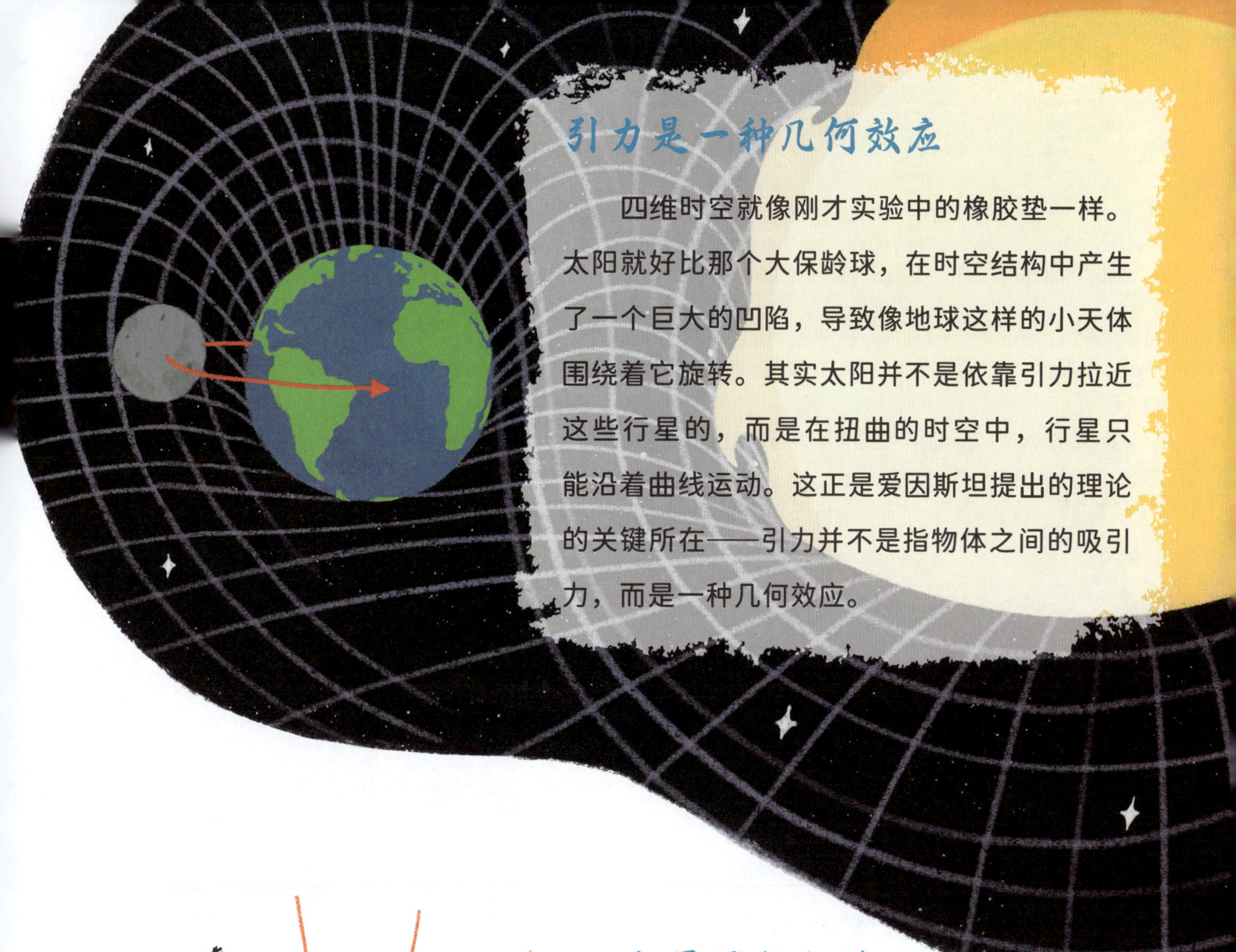

引力是一种几何效应

四维时空就像刚才实验中的橡胶垫一样。太阳就好比那个大保龄球，在时空结构中产生了一个巨大的凹陷，导致像地球这样的小天体围绕着它旋转。其实太阳并不是依靠引力拉近这些行星的，而是在扭曲的时空中，行星只能沿着曲线运动。这正是爱因斯坦提出的理论的关键所在——引力并不是指物体之间的吸引力，而是一种几何效应。

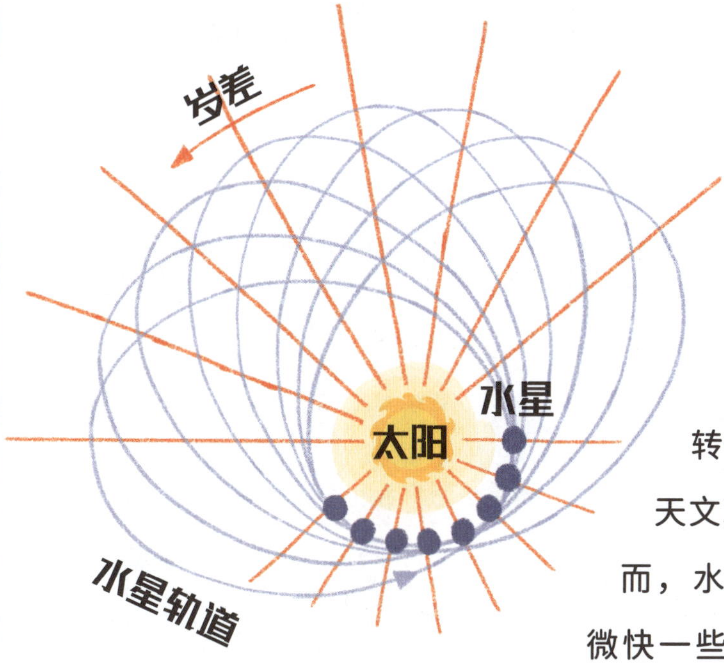

水星运行之谜

由于受到其他行星的引力作用，水星每绕太阳公转1圈，它运行的轨道就会发生一次变化，每次公转后，水星都处于太空中的不同位置。在相邻的两条公转轨道上运行的时间差叫作“岁差”（一种天文现象，指回归年与恒星年的时间差）。然而，水星的岁差比牛顿运动定律所预测的要稍微快一些。200多年来，这个谜团一直困扰着人们，直到爱因斯坦用广义相对论对其进行了解释。这是由于水星离太阳很近，公转轨道使它进一步进入太阳的引力范围，那里的时空扭曲得特别严重，所以水星的岁差变快了。

“引力之手”扭曲光线

爱因斯坦提出的广义相对论让我们发现了一些有趣的现象，这说明宇宙比我们已知的要神奇得多。以光为例，想想看，光没有质量，那它是不是就不会受到引力的影响呢？并不是这样的。虽然光没有质量，但另一个有质量的物体可以通过扭曲它所处的时空来使它发生偏转。

宇宙飞船里的光线

早在1907年，爱因斯坦就意识到了这一点。当时，他发现了等效原理。为了更好地理解这个原理，我们可以想象一艘宇宙飞船在太空中加速飞行。宇宙飞船的一侧墙壁上有一个很小的孔，只有一束细细的光线可以照射进来。当光线照进宇宙飞船时，因为飞船正在加速运动，所以光线落在另一侧墙壁上的位置会比小孔的位置稍微低一点儿。也就是说，从小孔到墙壁，光线的路径发生了轻微的弯曲。根据等效原理，引力也一定会使光线发生弯曲。

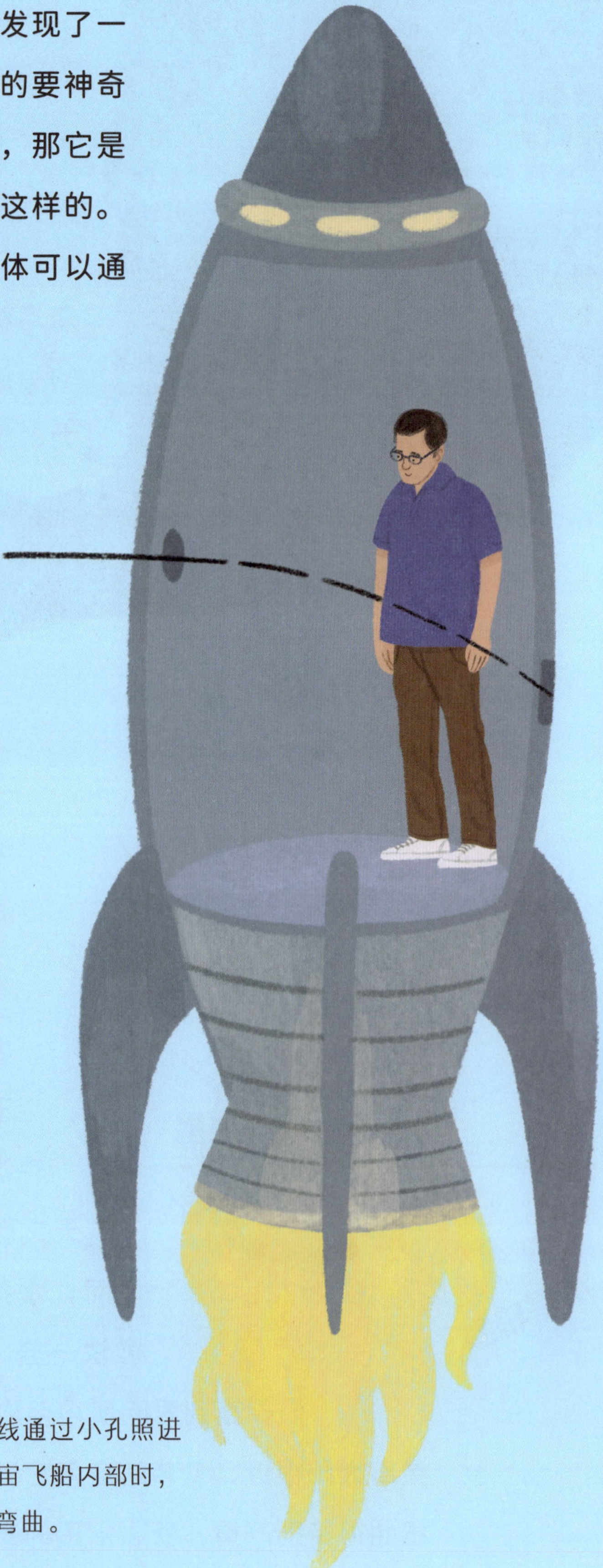

当一束光线通过小孔照进正在加速的宇宙飞船内部时，会发生轻微的弯曲。

光线被太阳扭曲

爱因斯坦知道，验证广义相对论是否正确的一种方法就是看看像太阳这样的大质量物体是否能使光线弯曲。太阳能使其周围恒星发出的光发生弯曲吗？白天由于太阳太亮了，我们根本看不到星星。但是，在日食期间，当月亮遮住太阳时，我们就可以观察到这种现象。

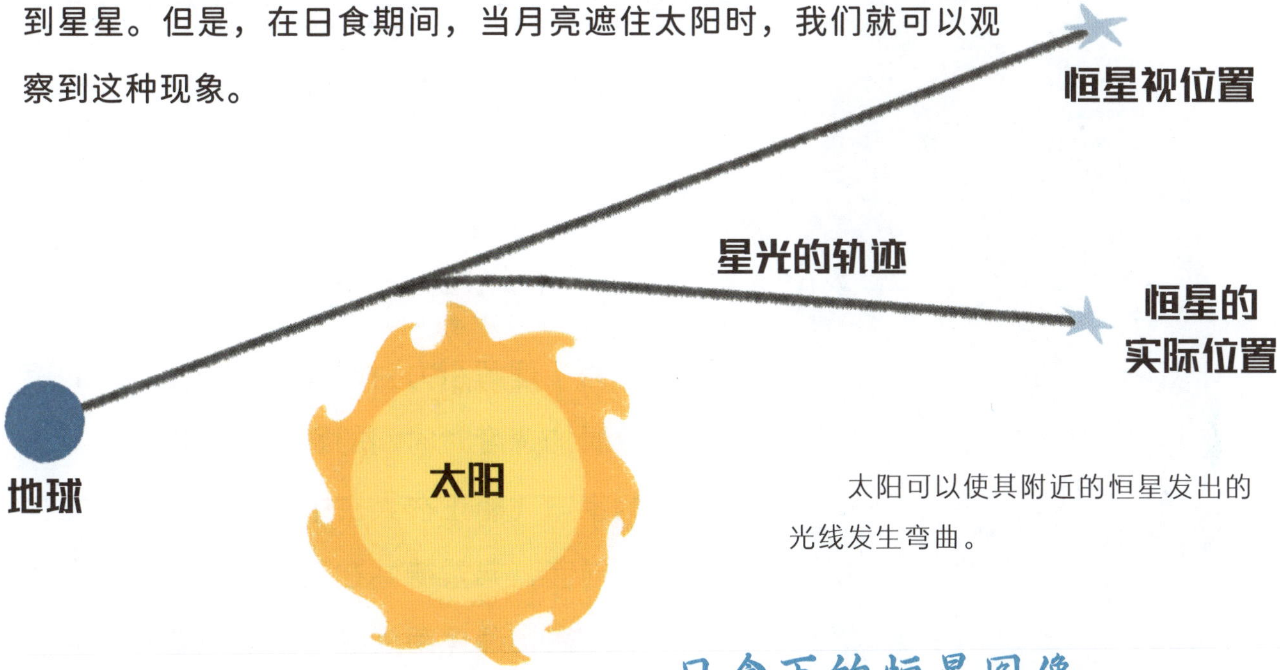

太阳可以使其附近的恒星发出的光线发生弯曲。

日食下的恒星图像

1919年，天文学家亚瑟·爱丁顿决定去非洲西海岸的普林西比岛观测日食，以验证爱因斯坦提出的理论。5月29日，天气多云，下午3点13分发生了日食。最初，天空中看不到星星。然而，片刻过后，恒星出现了。爱丁顿拍了16张照片，其中2张能够清楚地显示出恒星的图像。回到英国后，他把照片冲洗出来并仔细进行测量。结果表明，来自恒星的光发生了偏转（弯曲），而且偏转量与爱因斯坦通过自己列出的方程测算出的数值完全相同。

引力“拖”慢了时间

我们已经了解了时空的扭曲（即所谓的“引力”）是如何影响行星和光等物质的运动的。根据爱因斯坦提出的相对论，引力同样能对时间产生影响。引力越大，时间走得就越慢。

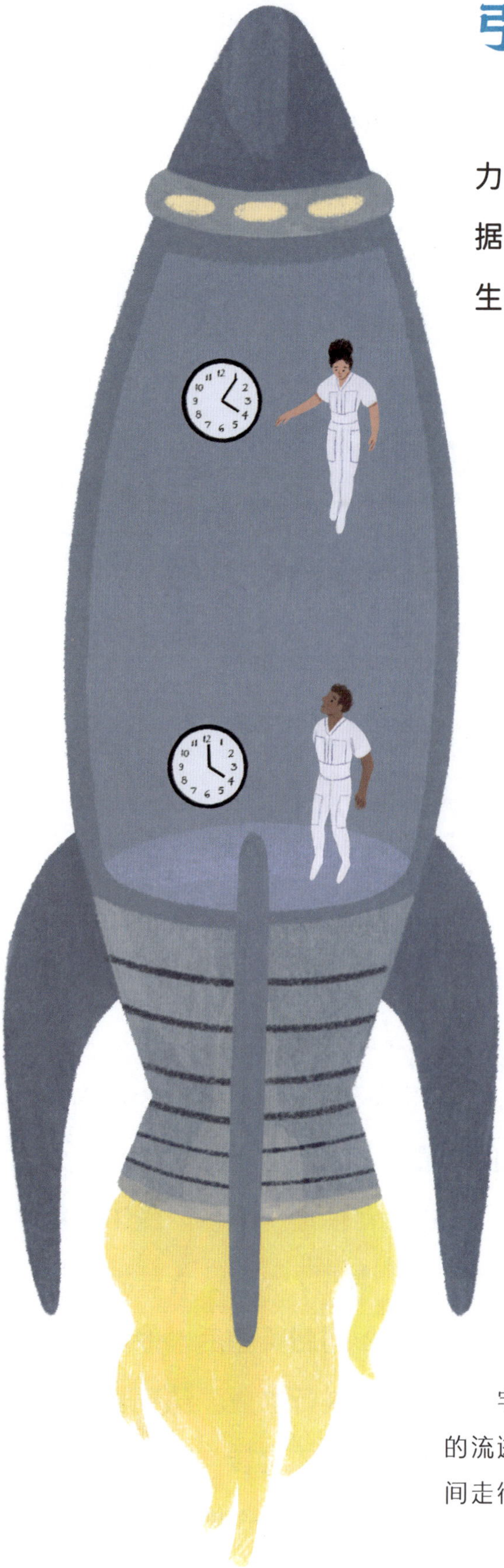

宇宙飞船里的时钟

为了理解引力对时间的影响，让我们首先看看加速度对时间的影响。想象一艘特别长的宇宙飞船正在太空中加速飞行。简站在飞船前面，弗雷德站在飞船后面。他们先对了一下表，确保两人的时间是一致的。当光线从弗雷德的时钟飞向简的眼睛时，宇宙飞船也在向前加速，所以对简来说，弗雷德的时钟似乎走得很慢。而弗雷德看到的情况却恰恰相反：当光线从简的时钟射向他的眼睛时，宇宙飞船的前进缩短了光走过的距离，所以在他看来，简的时钟走得很快。

宇宙飞船的加速会影响时间的流逝速度。它加速得越快，时间走得就越慢。

多普勒效应

导致这种现象的原因是，当简随着飞船移动时，她与弗雷德的时钟之间的距离变远了，到达她眼睛的光波也被拉长，光波的频率就会降低，所以弗雷德的时钟看起来走得很慢。而弗雷德却在加速靠近简的时钟，导致到达他眼睛的光波被压缩，使简的时钟看起来跑得很快。这种现象被称作“多普勒效应”。当鸣笛的救护车经过你身边时，你就能亲身体验到声波的变化。当救护车靠近你时，警笛的音调会升高，这说明声波被压缩；当救护车远离你时，声波被拉长，你听到的音调也随之降低。

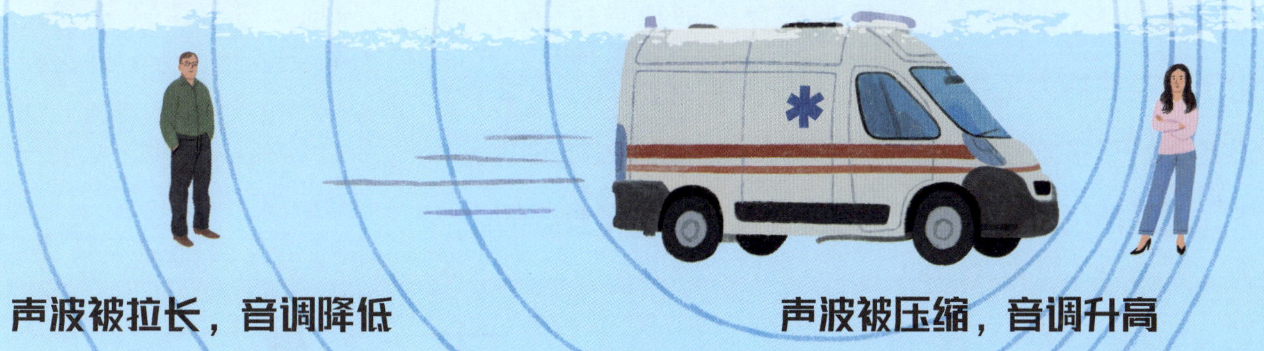

不同高度上的时间差

根据等效原理，我们得知加速度和引力的作用是等效的，所以引力也必然和正在加速的宇宙飞船一样能够扭曲时间。事实上，上文的飞船实验也可以在地球上进行——离地面越近，时间过得越慢，因为地面的引力更大。1960年，科学家已经证明了这一点。他们把时钟分别放置在美国哈佛大学一座高24米的建筑物的顶部和底部。通过测量，科学家发现，尽管两个位置上时间流逝的速度差异非常小，但这种差异的确是存在的。

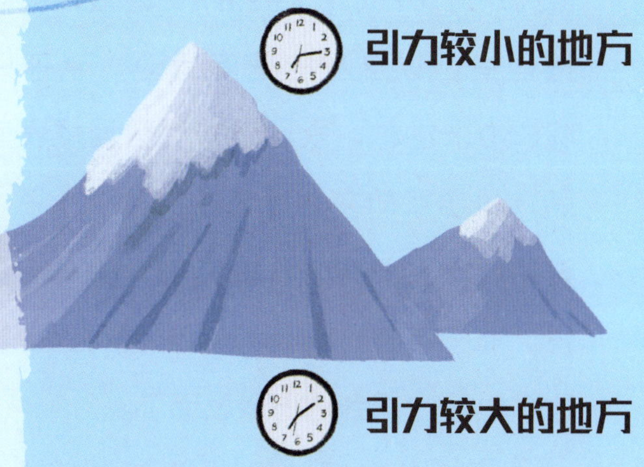

山顶的时间流逝得会比山脚的稍微快一点儿，因为山顶处的地心引力较弱。

打开爱因斯坦的“科学百宝箱”

支持相对论的科学证据

从数学的角度来看，爱因斯坦提出的相对论是站得住脚的，但现实情况确实如此吗？想要验证相对论是否正确绝非易事，因为只有在物体的运动速度无限接近光速的情况下，实验效果才最为明显。但是，这显然超出了人类的能力范围。不过，科学家们还是通过精密的设备进行了多次实验。事实证明，无论在什么样的情况下，爱因斯坦提出的相对论的正确性都是毋庸置疑的。

有时候我虽然不知道原因，却笃定自己是正确的……想象力比知识更重要，因为知识是有限的，而想象力概括着世界上的一切。

——阿尔伯特·爱因斯坦，《宇宙宗教与其他观点和格言》，1931年

μ子

μ子的存在验证了狭义相对论的正确性。μ子是一种微小的粒子，在大气层6000米处的高空形成。它们的平均存在时间仅为2.2微秒，并以光速99.8%的速度冲向地球。按理说，以这样的速度运动，μ子只能下降660米左右，永远无法到达地球表面。然而，科学家却在地面附近发现了μ子。这就说明时间膨胀理论是成立的：相对于我们来说，μ子存在的时间可以拉长到34.8微秒，这足以使它们到达地球表面了。

μ子存在的时间太短了，根本不够它们降落到地球表面。但人们确实能在地面附近探测到μ子，这证明了爱因斯坦提出的狭义相对论中的时间膨胀理论是合理的。

飞机上的时钟

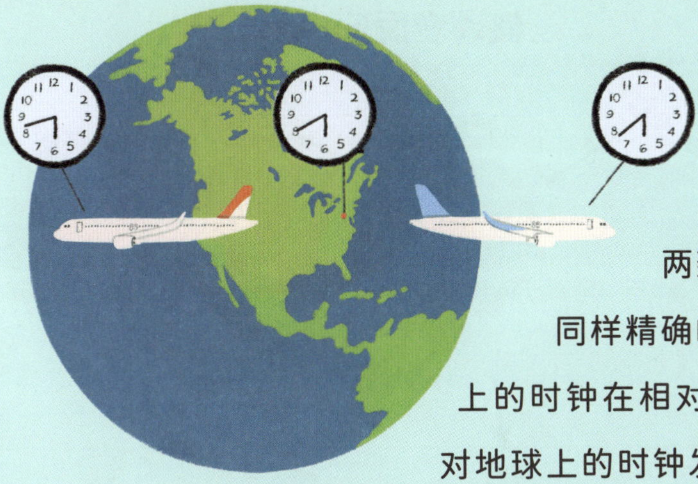

1971年，科学家进行了一项验证狭义相对论和广义相对论的实验。他们把4台极其精确的时钟分别放在两架飞行的飞机上，同时将它们与地球上同样精确的时钟进行比较。该实验通过观测飞机上的时钟在相对位置发生变化的情况下，时间是否相对地球上的时钟发生了变化，来检验狭义相对论是否正确。同样，通过观察地球上的时钟是否因为受到更大的地心引力而比飞机上的时钟走得更慢，就可以验证广义相对论是否成立。实验的结果表明，与地球上的时钟相比，在向东（即顺着地球自转方向）飞行的飞机上，时钟轻微地变慢了，而在向西（即逆着地球自转方向）飞行的飞机上，时钟则轻微地变快了。这些结果都与爱因斯坦提出的理论相符合。

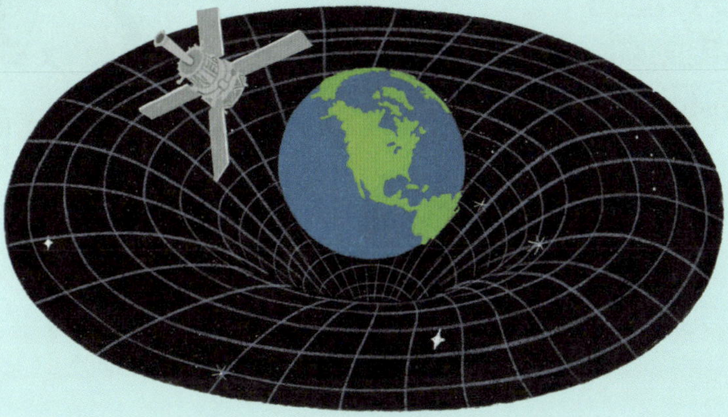

引力探测器B卫星

从2004年4月开始，引力探测器B（GP-B）卫星在地球两极之间绕行了17个月，进行了细致的科考任务。它的主要任务是验证广义相对论的两个方面：第一，地球引力是否会扭曲时空；第二，参考系拖拽效应是否存在。什么是参考系拖拽？不妨想象一下，如果地球漂浮在蜂蜜中，那么当它旋转时，周围的蜂蜜也会跟着旋转。根据广义相对论，地球旋转时会对其周围时空进行拖拽。果然，正如爱因斯坦所预测的那样，引力探测器B卫星上的超灵敏探测设备证实了时空扭曲和参考系拖拽效应的存在。

小小原子核蕴藏巨大能量

在1905年发表的最后一篇论文中，爱因斯坦提出了著名的质能方程——$E=mc^2$，证明了质量和能量是可以互相转换的。于是，一些科学家设想，是否有方法可以释放原子核内部蕴藏的能量。20世纪40年代，科学家们利用名为“核裂变”的过程实现了这一目标，制造出了原子弹。

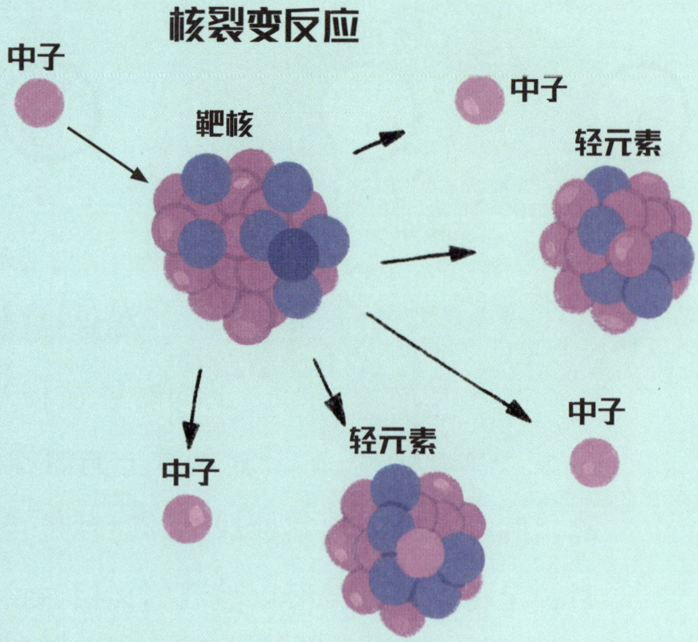

发现核裂变效应的
奥托·弗里施和
莉泽·迈特纳

核裂变

几乎所有原子的原子核都是由质子和中子组成的。科学家发现，通过向铀-235（铀元素的一种形式）的原子发射一个中子，就可以分裂它的原子核，并释放出中子和轻元素。这个过程就叫作“核裂变”。根据质能方程$E=mc^2$，核裂变能将原子的质量转化为能量。被释放出的中子继续撞击其他铀-235原子并分裂它们，更多的中子就被释放出来，以此类推。这个过程叫作“链式反应”，可以产生巨大的能量。第一颗原子弹爆炸的威力相当于大约4万枚常规炸弹爆炸的威力，但制造一颗原子弹只需要很少的铀-235原子，仅一咖啡杯的量就足够了。

核电站

原子弹的核裂变链式反应非常迅猛，甚至难以控制。然而，科学家很快就发现了控制这种反应的方法，创造出了安全的能源形式。铀棒（通常是铀-238）相互推动，即可产生可控的热量。它可以给水加热并产生蒸汽，以驱动涡轮机发电。

核电站

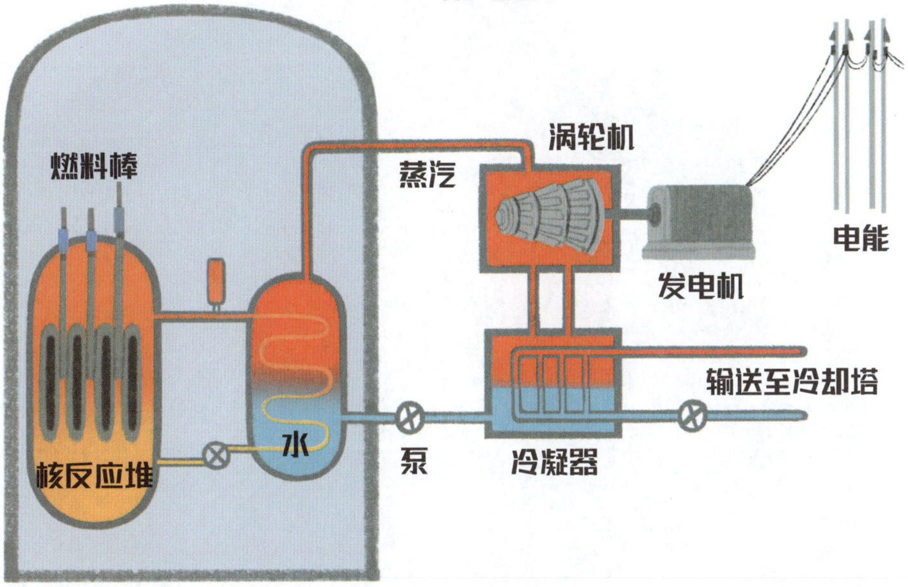

核聚变

在爱因斯坦提出质能方程之前，太阳的能量来源一直是个谜团。但现在我们知道了，太阳是通过叫作“核聚变”的反应来将质量转化为能量的。与核裂变不同，核聚变需要原子核融合来释放能量。原子核融合非常困难，因为原子核中含有质子，这些带正电荷的粒子互相排斥。核聚变需要足够高的温度和压力，这个过程需要在像太阳这样的恒星内部完成。科学家和工程师正在努力建造核聚变反应堆。一旦我们突破这个技术难关，就可以为人类提供大量清洁且廉价的能源了。

探索浩瀚宇宙的全貌

提出广义相对论之后，爱因斯坦便致力于用它来探索宇宙的全貌。1917年2月，他发表了一篇论文，建立了一种在许多方面都不同于牛顿的构想的全新宇宙模型。

有限而无界

牛顿认为宇宙是无限、永恒且不变的。在爱因斯坦看来，宇宙是有限的，但又无界。为了让我们理解这个矛盾的说法，爱因斯坦建议我们把三维空间想象成一个由二维平面所构成的球体。在这个二维平面上，运动的物体永远无法到达这个空间的边界；如果它沿着同一个方向走得足够远，最终还会回到起点。爱因斯坦建立的宇宙模型正是这个球体的三维版本——无界，但有限。

宇宙学常数

不过，爱因斯坦也认同了牛顿的一些观点，即宇宙的大小是固定的，而且将永恒存在，没有起始也没有终结。因此，当爱因斯坦发现，自己列出的方程预测出宇宙将会膨胀或坍缩时，他心中十分不安。这与当时的天文学家的观点不符，于是爱因斯坦决定调整自己建立的宇宙模型，使其与现实相符。他在方程中增添了一个新术语，叫作“宇宙学常数”。这代表一种能够抵消引力的斥力，可以维持静态宇宙。

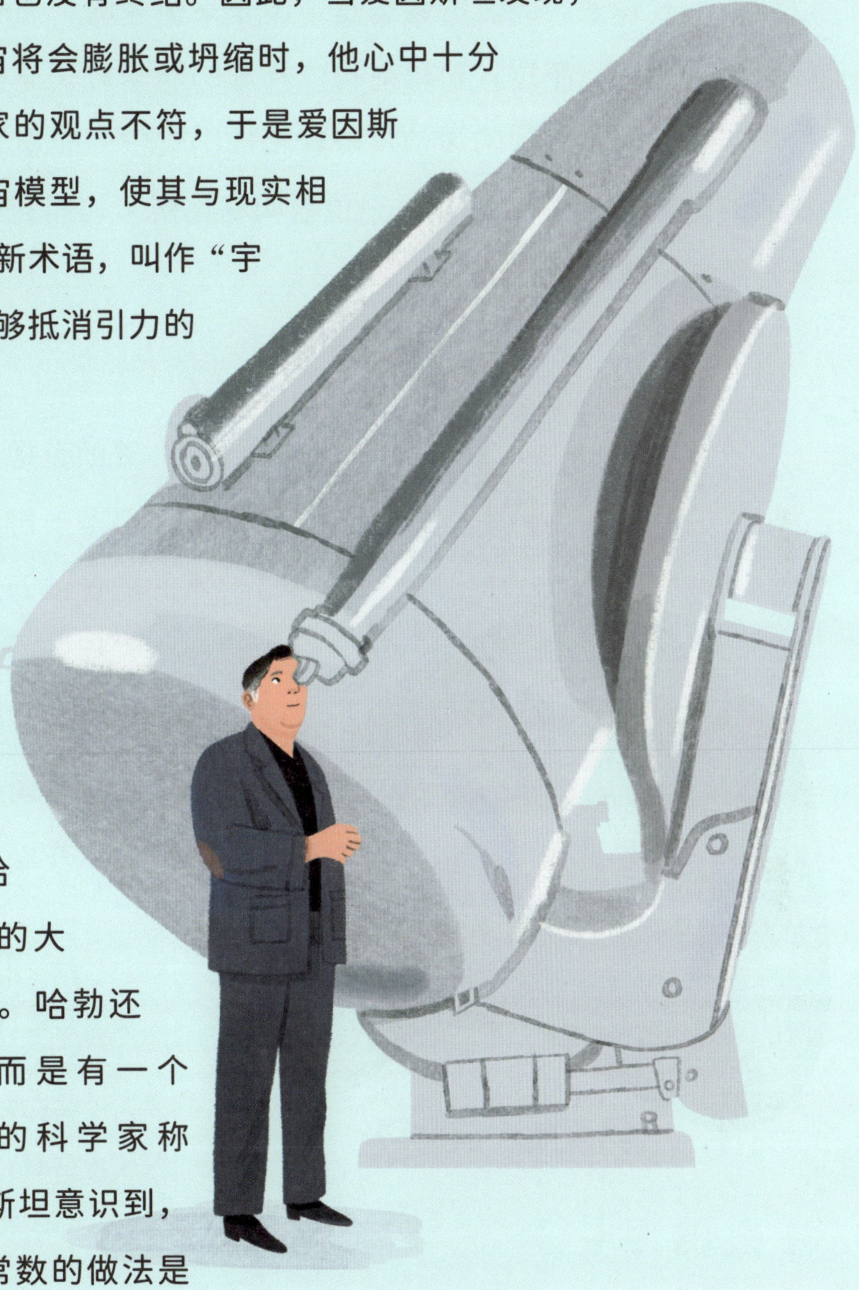

被自己误解的观点

可惜的是，在1929年，也就是爱因斯坦发表静态宇宙模型的12年后，美国天文学家爱德文·哈勃证实了宇宙并没有固定的大小。事实上，它还在膨胀。哈勃还表明宇宙不是永恒的，而是有一个开端，这种学说被后来的科学家称为“宇宙大爆炸”。爱因斯坦意识到，自己在方程中添加宇宙学常数的做法是错误的，便将其称为自己一生中的“最大错误”。然而，令人意想不到的是，当前的科学研究表明，爱因斯坦很可能是对的。

利用加州威尔逊山天文台的巨型望远镜，爱德文·哈勃发现，星系之间的距离正在逐渐扩大。

神秘而“不确定”的量子力学

19世纪90年代，物理学家一直在努力研究热辐射物体释放能量的问题。能量以波的形式传递，而波的强弱是用波长来衡量的，波长是指一个波峰与下一个波峰之间的距离。不过，热辐射物体释放的能量波长与他们的研究结论并不一致。物理学家认为，较短的波长意味着释放出较多的能量；但事实上，短波长的物体释放的能量更少。1900年，一位名叫马克斯·普朗克的德国物理学家提出了一个新方案来解决这个问题。

普朗克的发现

普朗克提出，热辐射物体所释放出的能量都是一份一份的，每一份都是一个基本的能量单元。根据这个设想，他推算出一个方程。这个方程与他对热辐射物体释放能量的监测结果完全一致。普朗克的发现表明，能量的释放和吸收均以“量子”为单位，并以不同的倍数来进行计算。

马克斯·普朗克

量子力学的确雄伟壮丽，然而内心却告诉我，它还不是那回事。

——阿尔伯特·爱因斯坦，摘自他写给马克斯·玻恩的信，1926年12月4日

将光视为量子

普朗克的想法启发了爱因斯坦。他在1905年发表的第一篇论文中提出，光也是由量子（后来被称为“光量子”，简称“光子”）组成的。每个光子携带的能量是由它的波长决定的。这个理论解决了关于光电效应的矛盾，因为在此之前，物理学家一直将光视为一种波。爱因斯坦表示，光也可以像粒子一样运动。凭借光子说，爱因斯坦开创了物理学的一个全新分支——量子力学。

物质也有波动性

1923年，印度物理学家萨特延德拉·玻色提出了一种利用普朗克公式计算光子数的方法。在他的研究基础上，爱因斯坦将这种计数方法应用到原子上，终于发现物质也有波动性。

不确定性原理

大约在这个时候，物理学家有了关于原子特性的新发现。他们总结出了描述原子和被称为“电子”的次原子粒子运动状态的方程，发现电子有时表现得像波，有时又表现得像粒子。更奇怪的是，物理学家还发现，我们不可能同时确定电子的位置、速度和方向。这就是“不确定性原理”。当人们观察电子时，发现它只是空间中一个飘浮着的微粒，这便是它表现得像粒子的时候；其余时候，它就像波浪一样，位置无法确定。

随机与规律

量子力学的不确定性深深困扰着爱因斯坦。对此，他曾说：“上帝不会掷骰子。”（当时爱因斯坦的意思是，主宰万物的宇宙当中没有所谓的随机行为，万物皆有规律可循。）爱因斯坦坚信一切都是有规律的，但遗憾的是，他这个想法是错误的。在量子力学的领域中，宇宙的确是一个奇特且充满不确定性的地方。

光与电之间的“趣味互动”

1905年，也就是爱因斯坦奇迹年，他发表了第一篇论文。这篇论文中提到了一个解决物理学中光电效应问题的方法。1887年，德国物理学家海因里希·赫兹首次观察到了这种效应。赫兹发现，当光线照射到一块金属上时，金属的电子就会迅速从其表面逸出。

照在金属上的光线

1902年，另一位德国物理学家菲利普·莱纳德解释了光与电之间的关系。他的实验证明，如果用短波长的光线照射带电荷的金属，那么金属表面的电子就会飞逸出去。不管光线是明是暗，都会产生这种现象。如果增加光线的亮度，就会飞逸出更多的电子，但这并不能增加电子所吸收的能量。如果光的波长太长，那么无论光线多么明亮，电子都不会飞逸出去。

海因里希·赫兹

实验中的两个问题

当时，学界普遍认为光是一种波，更亮的光应该能发出更多的能量，也应该会使每个逸出的电子所吸收的能量增加。然而，这与科学家们的实验结果并不相符，而且暴露了两个问题：第一，为什么只有一定波长范围内的光才会产生光电效应？第二，为什么光的亮度不会影响电子吸收的能量?

光的双重特性

对此，爱因斯坦做出了新的解释：光既可以展现出波的特性，也可以展现出粒子的特性。这一解释使这两个问题得到了解决。我们用光线照射一块金属，实际上相当于用光子轰击它。其中一些光子撞击金属表面的电子，光子的能量就会将电子弹射出去。

光子的能量

爱因斯坦解释道，光子的能量与其波长有关——波长越长，能量越低。这个解释回答了第一个问题：如果光的波长太长，光子的能量就会不足，无法轰击出电子。它同时也回答了第二个问题：既然光子的能量与其波长有关，那么增加光的亮度并不会增加光子的能量，而只是用更多携带相同能量的光子轰击金属。这能使更多的电子飞逸出来，却不会增加电子吸收的能量。

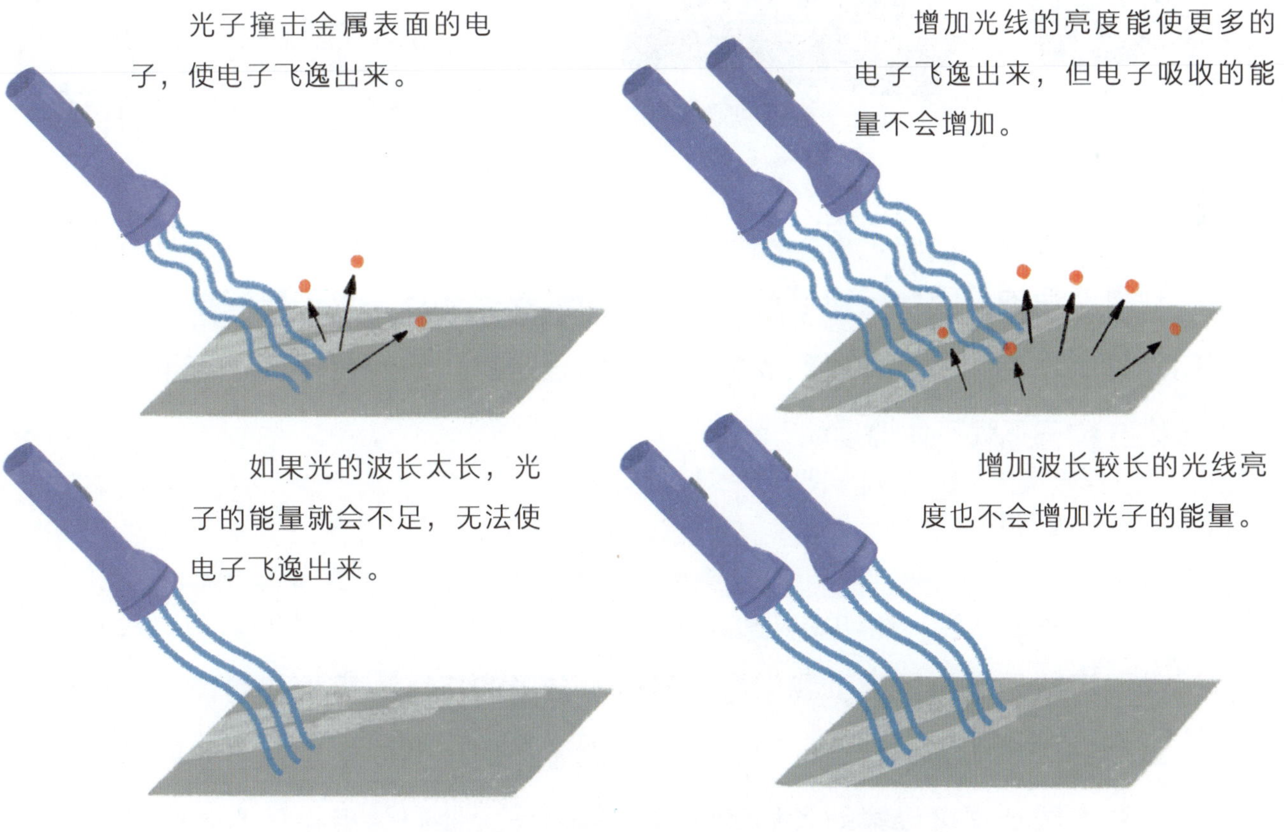

1922年，关于光电效应的论文使爱因斯坦获得了诺贝尔物理学奖。

“随心所欲”的原子和分子

1905年，爱因斯坦在自己发表的第二篇论文中解释了水中微小粒子运动的原理，从而证明了原子和分子（原子按照一定的键合顺序和空间排列而结合在一起的整体）的存在。

罗伯特·布朗

布朗运动

1827年，英国植物学家罗伯特·布朗观察到一种奇怪的现象：悬浮在水中的花粉微粒持续不断地跃动，而且没有任何规律可循。后来学术界将这种运动称为“布朗运动”，但没有人能解释这种现象背后的原因，只知道这些粒子的运动永不休止，也未曾减速。这让科学家们困惑不已，因为这个现象似乎违反了物理定律。到底是什么看不见的能量驱动着这些粒子不眠不休地运动？

统计学方法

一些科学家认为，布朗运动可以证明原子和分子的存在。他们认为，粒子之所以运动，可能是因为受到了我们看不见的水分子的挤压。奥地利物理学家路德维希·玻尔兹曼提出了一种统计学方法来预测分子的运动，但是，当时的许多科学家并不认为统计学可以帮助人们了解物质的性质。他们想用物理方法来证明是原子引起了布朗运动，但并不是所有科学家都承认原子和分子的存在。

分子的运动

爱因斯坦对原子和分子的存在深信不疑，于是着手证明这一点。分子太小了，虽然我们用肉眼看不见，但爱因斯坦相信，它们的运动可以从更大的粒子的运动中推导出来。一般来说，来自各个方向的撞击影响都应该是均等的。实际上，在任一瞬间，撞击粒子一侧的水分子都会比另一侧的多，从而导致粒子做看似随机的运动。爱因斯坦将这一推论提炼为一个方程，用数学方法描述了分子的运动，并计算出了分子的大小。

实验验证理论

1908年，法国物理学家让・皮兰用显微镜仔细对布朗运动进行了研究。实验结果证实爱因斯坦提出的理论是正确的——原子和分子确实存在。

通过观察在一束光线下浮动的尘埃，我们就可以观察到布朗运动。这些微粒受到空气中运动的分子的挤压而随机飘动。

现代生活中的“爱因斯坦智慧”

爱因斯坦提出的相对论极大地促进了人类对宇宙的理解，他的研究也对我们的生活产生了许多实际的影响。今天我们使用的很多技术都源于爱因斯坦提出的理论。

激光

激光在日常生活中应用广泛，人们可以用它来扫描超市中的商品条码、切割钢铁，或者进行精细的眼部手术。1917年，爱因斯坦在思考光与物质的相互作用时发现了激光。他发现，处于激发态或高能态的原子可以发射光子。当时，爱因斯坦对光子是否能保持一致的运动方向感到好奇。他想，如果很多光子都朝一个方向运动，那么一个高能级原子就可能会向同一个方向发射一个光子。实验证明，爱因斯坦的想法是正确的。激光的原理就是如此：人们用光或电能激发原子，然后将它们发射的光子引到同一个方向上，激光就形成了。

太阳能

现在，我们使用太阳能为航天器提供动力，也用它来发电。太阳能发电的科学原理就是光电效应，爱因斯坦在1905年就阐释过这方面的内容。爱因斯坦证明，光束中的光子能让金属表面的电子飞逸出来。当太阳光中的光子撞击太阳能电池时，电子会被释放出来。这些电子穿过一种叫作“半导体”的材料，便产生了电流。

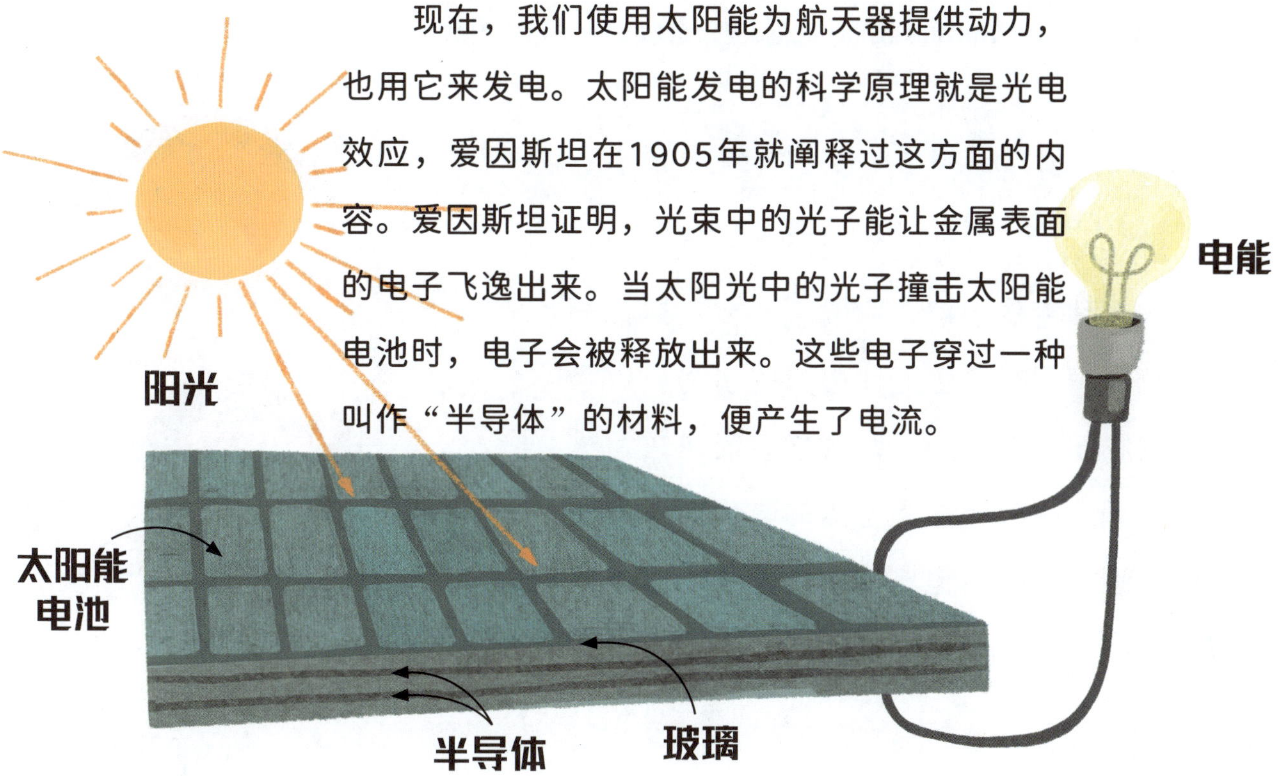

全球定位系统

我们每天都依靠GPS（全球定位系统）来追踪目标的位置和行程，为出行导航，并预测抵达时间。GPS系统由24颗卫星组成，它们发出的信号被地球上的接收机接收，再通过计算接收器与卫星之间的距离进行定位。这个系统依赖于高精度时钟。根据爱因斯坦提出的广义相对论，引力可以让时间变慢，所以地球表面的时钟会比太空中的时钟走得慢一点儿。虽然这两者之间的差别很小，但仍然可以被卫星捕捉到。每天卫星时钟都要调快1/38 000 000秒，这样就能与地球表面的时钟保持同步。

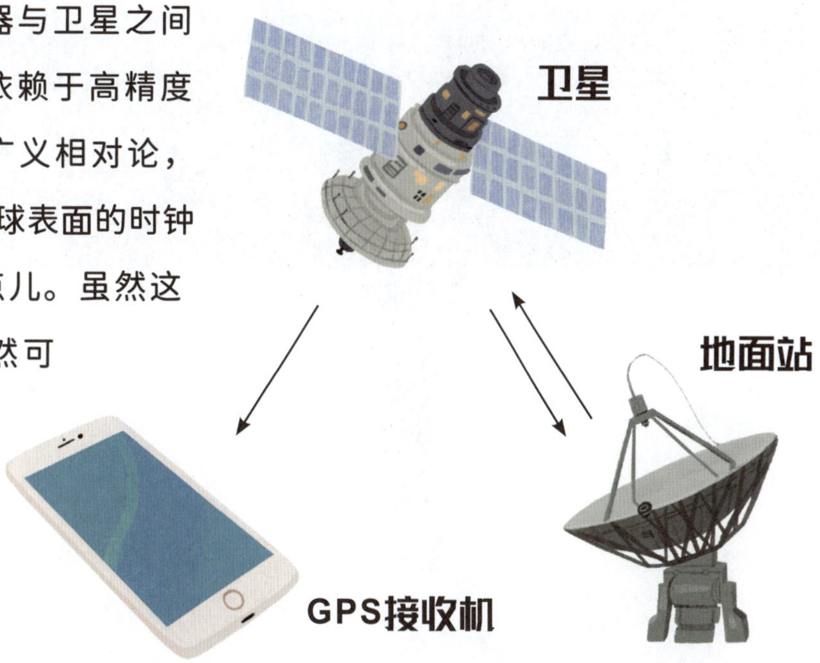

用想象力破解宇宙未解之谜

吞噬万物的可怕黑洞

想象一下，一颗比太阳还大的恒星被压缩成一个致密的小点，会发生什么？这样一颗坍缩的恒星会产生无比强大的引力，以至于所有物质，甚至光，都会被它吸进去，这就是黑洞。在爱因斯坦生活的时代，人类还未曾发现过黑洞，但广义相对论预言了黑洞的存在。

卡尔·史瓦西

史瓦西的发现

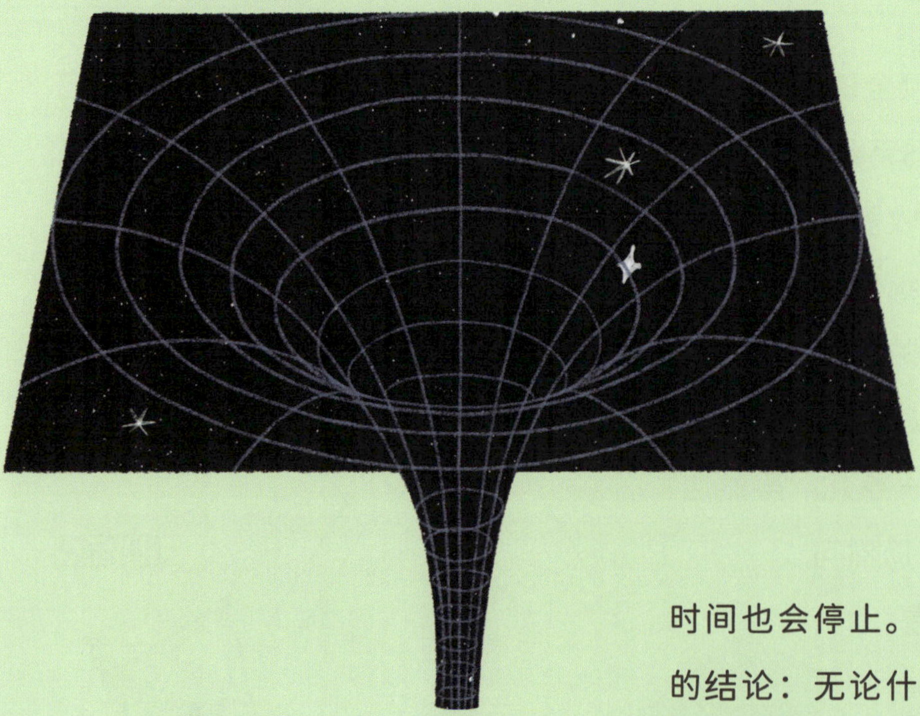

1915年，德国天文学家卡尔·史瓦西算出了爱因斯坦提出的广义相对论方程的精确解，发现宇宙中存在着一些非常神秘的现象。如果一颗恒星被压缩成一个极小的点，时空就会向内弯曲。在其中心处，时间也会停止。史瓦西通过计算得出这样的结论：无论什么东西接近这个天体，都会被它吸住，再也无法逃脱。这个巨大引力的作用边界后来被称为“事件视界”。

恒星坍缩

当时很少有人相信宇宙中会存在这种可怕的天体，认为这只是根据爱因斯坦方程计算出的一种理论上的可能性而已。随着科技的发展，到了20世纪，天文学家认识到，在恒星燃烧殆尽、走向灭亡时，其内部的巨大引力会导致恒星坍缩。于是他们开始接受这个观点——这些叫作“黑洞”的天体很可能真的存在。但是，由于黑洞不发光，所以人们无法观测到它的样子。

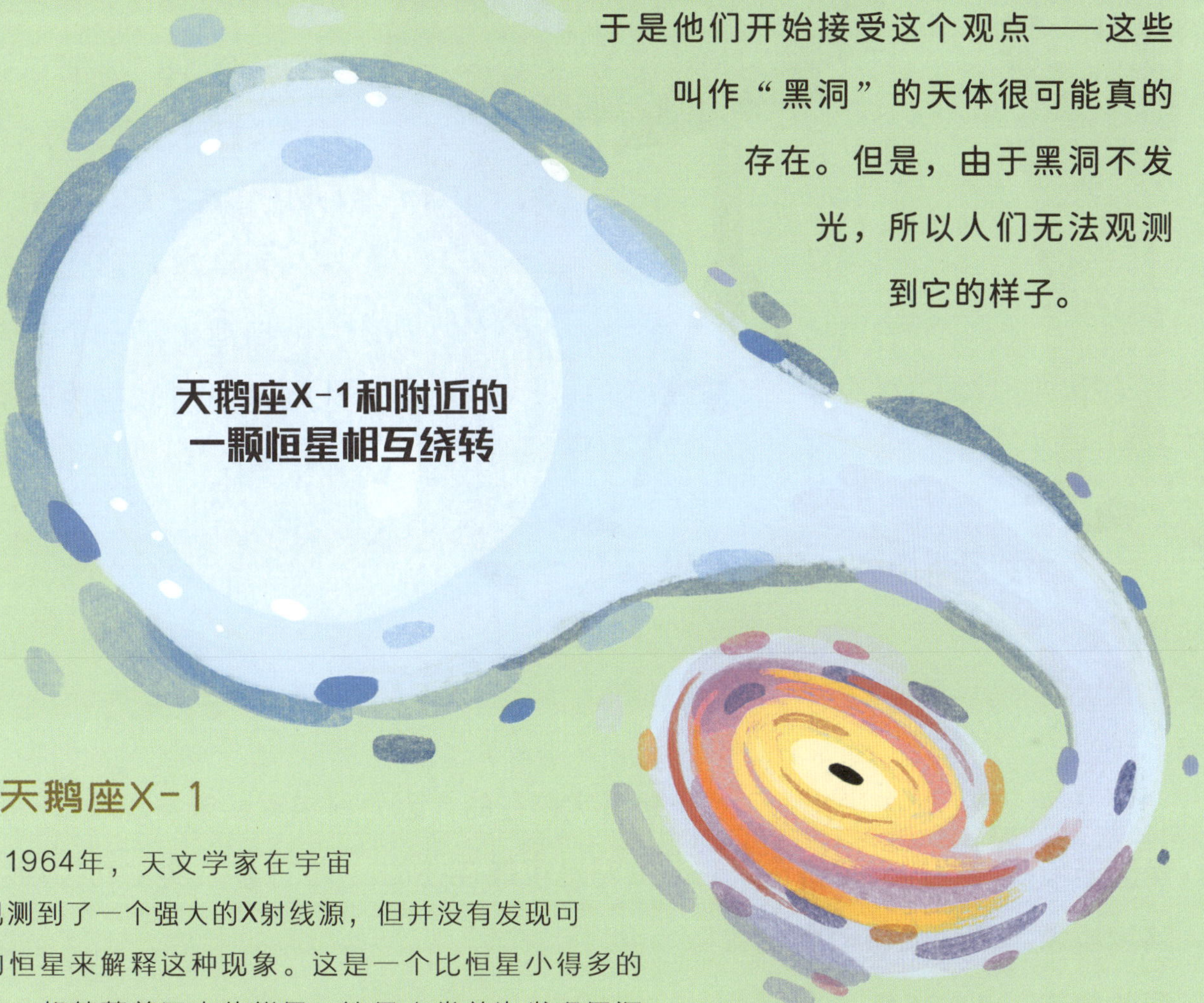

天鹅座X-1

1964年，天文学家在宇宙中观测到了一个强大的X射线源，但并没有发现可见的恒星来解释这种现象。这是一个比恒星小得多的天体，却蕴藏着巨大的能量。这是人类首次发现黑洞的存在，它被命名为“天鹅座X-1”。

大小各异的黑洞

如今，天文学家已经在宇宙中发现了数百万个黑洞。有些黑洞只有原子那么大，却重得像一座大山一样。还有一些黑洞被称为“恒星级黑洞”，质量能达到太阳的20倍。更大的黑洞被称为“超大质量黑洞”，其质量甚至超过100万个太阳。科学家们已经找到证据来证明，每一个大星系，包括我们所在的银河系，其中心都存在一个超大质量黑洞。

虫洞，跨越时空的“桥梁”

爱因斯坦和纳森·罗森

拿出一张纸，在上半页写一个“A”，再在下半页写一个“B”。把这张纸对折，打一个洞，将A点和B点连接在一起。如果这张纸代表宇宙，那么现在我们就创造出了一个虫洞，也就是连接时空中两点的最短路径。

虫洞是否存在

目前，我们尚未确定虫洞是否是真实存在的，因为科学家从未发现过它们。但爱因斯坦提出的广义相对论预测，虫洞是可能存在的。1916年，奥地利物理学家路德维希·弗拉姆首次提出虫洞的概念。1935年，爱因斯坦和美籍以色列物理学家纳森·罗森仔细研究了弗拉姆的想法，认为这种跨越时空的“桥梁”的确有可能存在。后来人们把这种“桥梁”命名为“爱因斯坦-罗森桥”，也就是我们所说的“虫洞”。

虫洞可能是时空中相距遥远的两个点之间的捷径。

虫洞的样子

一些科学家推测，虫洞的洞口有可能是两个黑洞，连接着宇宙的不同部分。甚至它可能连接着两个不同的宇宙。这条通道可能很长，也可能很短。还有一些科学家认为，那些较小的虫洞可能是在宇宙诞生早期形成的，后来随着宇宙的膨胀，这些虫洞被拉伸得无比巨大。

想象中的时空之旅

虫洞常常在科幻小说中出现，它能够带领主角穿越时空，到达宇宙中最遥远的地方，甚至帮助主角完成时间之旅。然而，我们真的能够在某一天穿过虫洞吗？实际上，即使虫洞真的存在，它的状态也非常不稳定，很可能在一瞬间坍塌。因此，人类几乎不可能穿过它。

奇异物质

有没有办法使虫洞保持稳定呢？科学家认为，宇宙中可能存在某种形式的“奇异物质”。这是一种尚未被人类发现的物质，可以使虫洞长时间保持稳定。这样一来，我们就有足够的时间穿过它。奇异物质必须包含足够的负能量来抵消促使虫洞坍塌的力量。但到目前为止，科学家们对负能量还知之甚少。

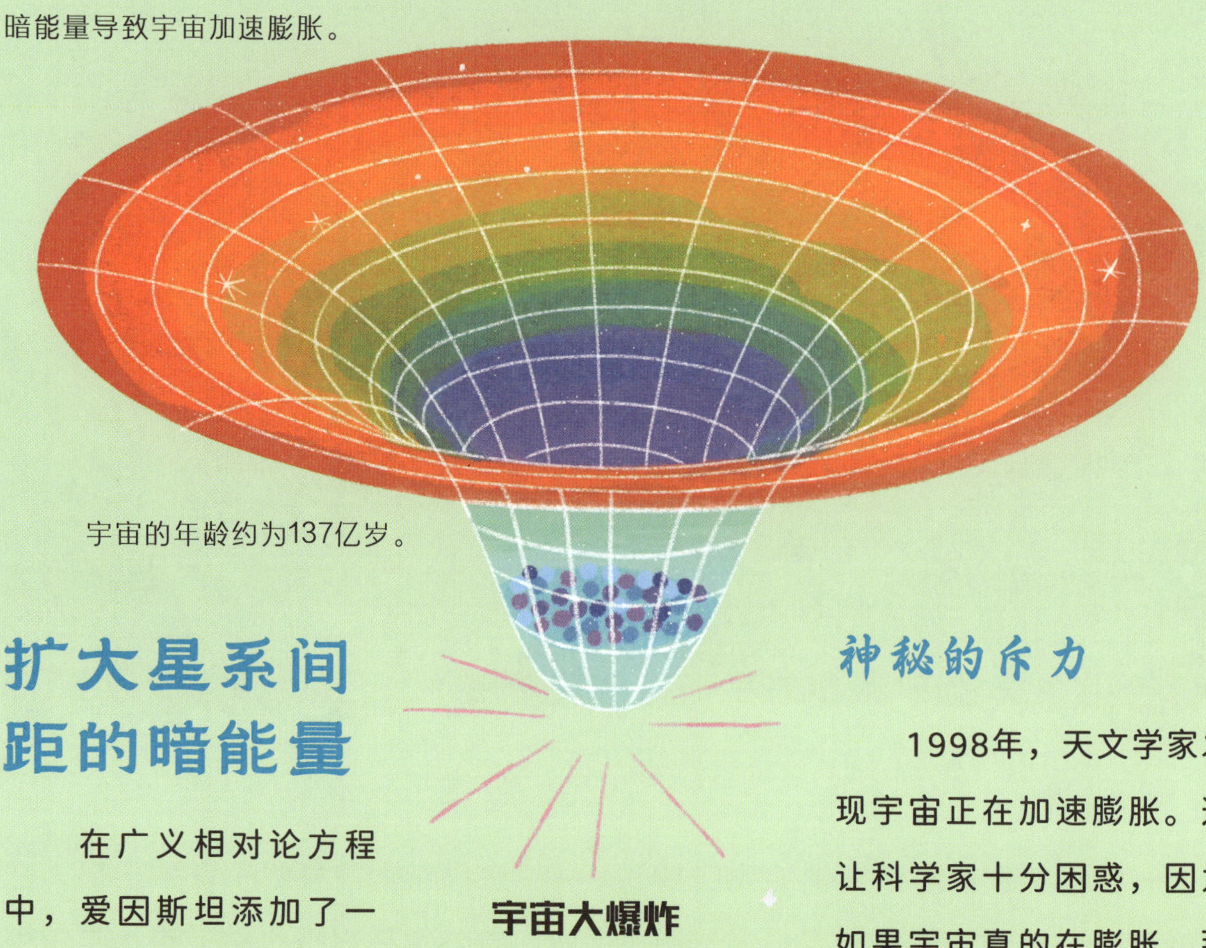

扩大星系间距的暗能量

在广义相对论方程中，爱因斯坦添加了一个叫作“宇宙学常数”的斥力来维持静态宇宙（使宇宙既不膨胀也不收缩），后来他又把这个常数从方程中去掉了。不过根据最新的研究结果，物理学家将宇宙常数重新引入方程中，以解释暗能量的作用。

神秘的斥力

1998年，天文学家发现宇宙正在加速膨胀。这让科学家十分困惑，因为如果宇宙真的在膨胀，那这种膨胀也应该会因为宇宙中所有物质间的引力作用而逐渐变慢。可实际上，似乎有某种神秘的斥力把星系之间的距离拉开了。我们称产生这种斥力的力量为“暗能量”。它是否与爱因斯坦提到过的宇宙学常数有关呢？

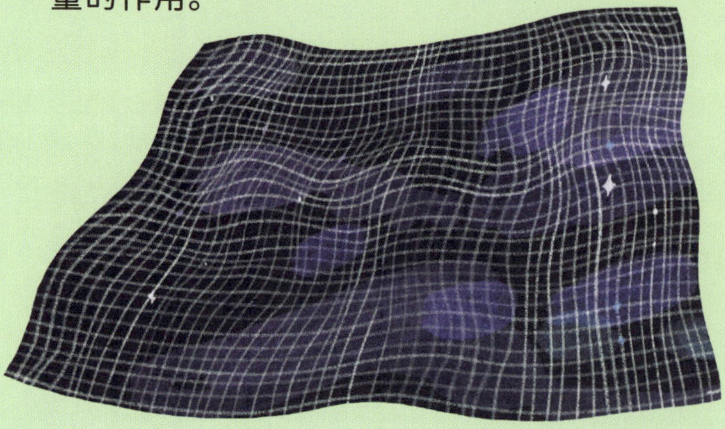

宇宙的构成

根据天文学家的估算，宇宙的68%由暗能量构成，另外27%则是同样神秘的“暗物质”。人类所了解和观察到的一切只占宇宙的5%。

虚粒子

广阔的太空并非空无一物。如果使用特别高精度的望远镜观察，就会发现太空中充满了不断出现、消失的虚粒子。是虚粒子为宇宙提供了暗能量吗？随着宇宙的膨胀，更多空间被腾了出来，更多潜在的能量随之增加，这可能会加速宇宙的膨胀。

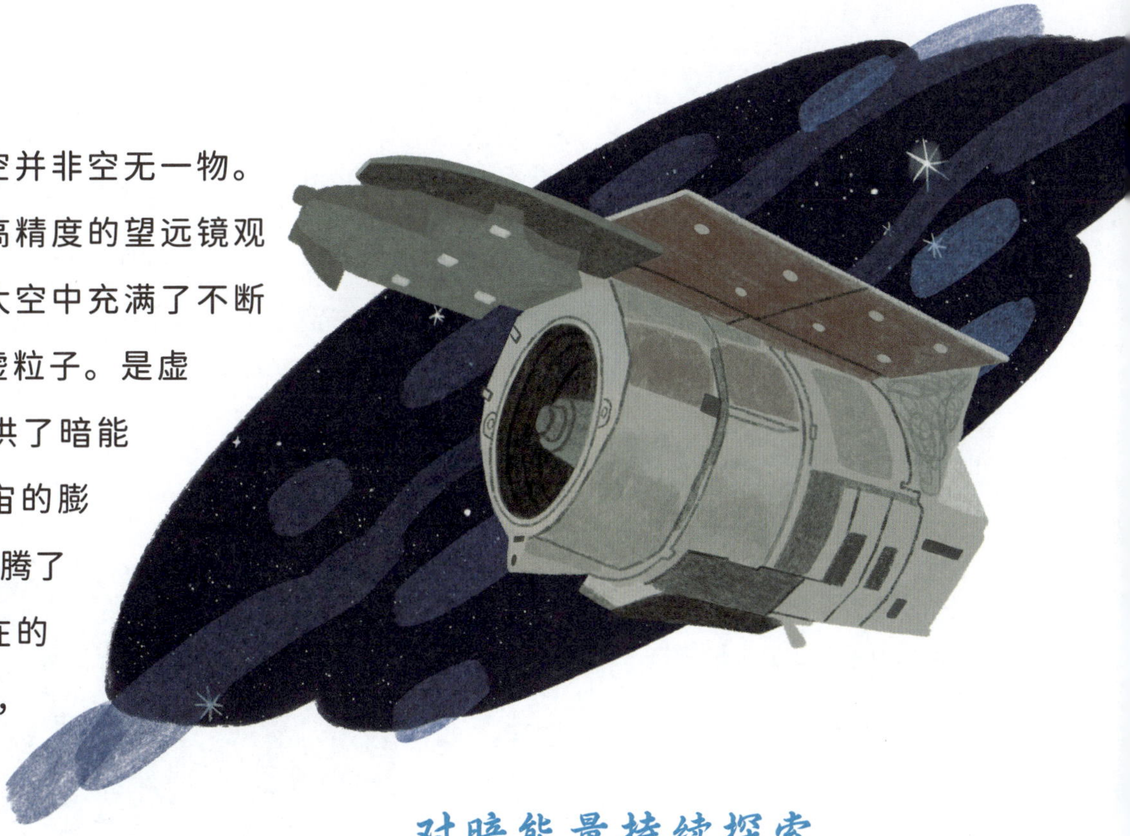

对暗能量持续探索

暗能量仍然是宇宙学的未解之谜。在未来的日子里，空间站和地面站将继续深入研究，尝试弄清楚它到底是什么。

第五元素

一些科学家提出，暗能量可能是一种我们看不见的遍布整个宇宙的力量，它不与任何东西相互作用，也无法被人类探测到。人们称之为“第五元素”。

从左至右：亚当·里斯、萨尔·波尔马特和布莱恩·施密特。他们因发现宇宙加速膨胀的证据而获得诺贝尔奖。

让人“听到宇宙声音”的引力波

1916年，爱因斯坦基于广义相对论推论出了引力波的存在。广义相对论方程表明，大规模的宇宙事件（如恒星碰撞和爆炸）会产生引力波，即时空弯曲中的涟漪。这就好比往池塘里扔一块石头会产生涟漪，涟漪会向四面八方扩散。只要我们的技术足够先进，就有可能在地球上探测到它们。

引力波的产生

很多因素都可以引起引力波，比如超新星（一颗爆炸的恒星）的诞生，两个黑洞的轨道运行或合并，或两颗中子星（质量很小但密度很大的恒星）的轨道运行或碰撞等。这种宇宙事件所产生的引力波以光速向外传播，通过对其进行研究，就可以进一步揭秘宇宙的起源。

引力波存在的证据

1974年，也就是爱因斯坦去世20年后，天文学家首次发现了证明引力波存在的证据。天文学家发现了“该脉冲双星”（两颗沿轨道相互绕对方运动的中子星），它的存在正是可能产生引力波的条件。经过8年的观测，天文学家计算出，由于发射引力波，两颗中子星的轨道周期正在以极其精确的速度缩短。根据广义相对论推论出的结果是，双星的轨道周期每年会减少0.75秒。

微弱的涟漪

我们很难直接观测到引力波，但可以通过监测遥远天体的轨道周期变化来间接证明引力波的存在。足够明显的引力波是由大规模的宇宙事件引起的，但当这些波抵达地球时，强度已经非常微弱。事实上，这些涟漪的大小甚至是原子核的1/1000！所以探测引力波是一个极具挑战性的科学任务。

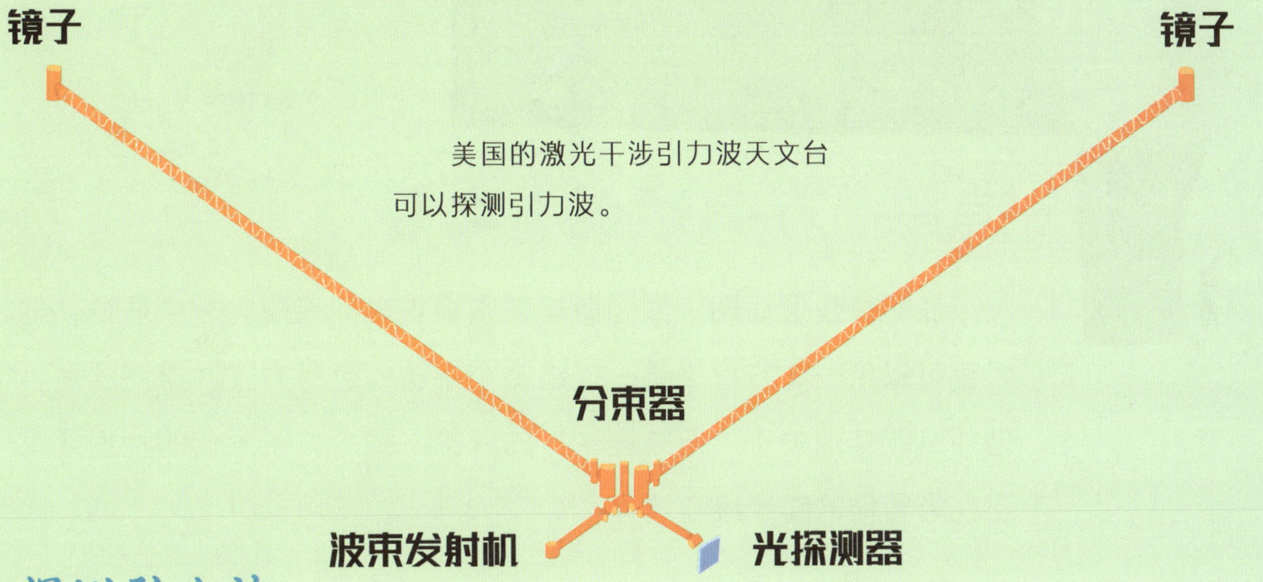

美国的激光干涉引力波天文台可以探测引力波。

探测引力波

2015年9月，人类借助一种名为“激光干涉引力波天文台”的精密天文仪器第一次直接探测到引力波。这种仪器有两条长达4000米的“手臂”，末端都装有镜子。如果有引力波传递到地球上，“手臂”的长度就会发生微小的变化，而在镜子之间反射的激光束能够敏锐地捕捉到这种变化。这一次探测到的引力波来自距离地球13亿光年（1光年是指光在1年内传播的距离）之外的地方，是由两个黑洞相撞、合并引起的。

更深入地了解宇宙

对人类来说，探测引力波意义非凡。我们可以从中了解到宇宙的全新奥秘，也许还能解开关于引力本身的许多谜题。正如阿根廷物理学家加布里埃拉·冈萨雷斯所说，引力波能让我们“听到宇宙的声音”。

追寻“万有理论”之梦

在职业生涯后期，爱因斯坦花了很长时间来建立一个理论，他希望可以用一个方程来统一描述整个宇宙的运行方式。遗憾的是，他并没能实现关于“万有理论”的理想。如今，新一代的物理学家正在沿着他的脚步继续追寻。

相对论与量子力学

爱因斯坦提出的广义相对论从宏观角度描述了宇宙的运行方式，大到行星的轨道，小到掉落的苹果。在广义相对论中，引力是主导宇宙的力量。量子力学从原子和次原子粒子的微观角度描述世界，表明世界上的物质还受到其他3种力——电磁力、强核力和弱核力的影响。这些力将分子、原子及其组成部分结合在一起。对于物理学家来说，宏观世界和微观世界的运行规则是不同的，这听起来似乎很玄妙。如今有很多科学家尝试将两者有机统一起来。

弦理论

自20世纪80年代以来，科学家们开始尝试建立一种很有前景的理论——弦理论。这一理论的核心是，在宇宙诞生之初，4种基本力都是单一的力。根据弦理论，宇宙中的每一个粒子在最微观的层面上都是一条振动的弦。它振动的方式决定了它是电子、光子还是其他粒子。宇宙中很可能存在引力粒子，但这种所谓的“引力子”的存在尚未被证明。在弦理论被提出之后，包括超对称理论、超引力理论和M理论在内的相关理论接连问世。人们研究这些理论的目的都是使有关引力的理论与量子力学互相兼容。

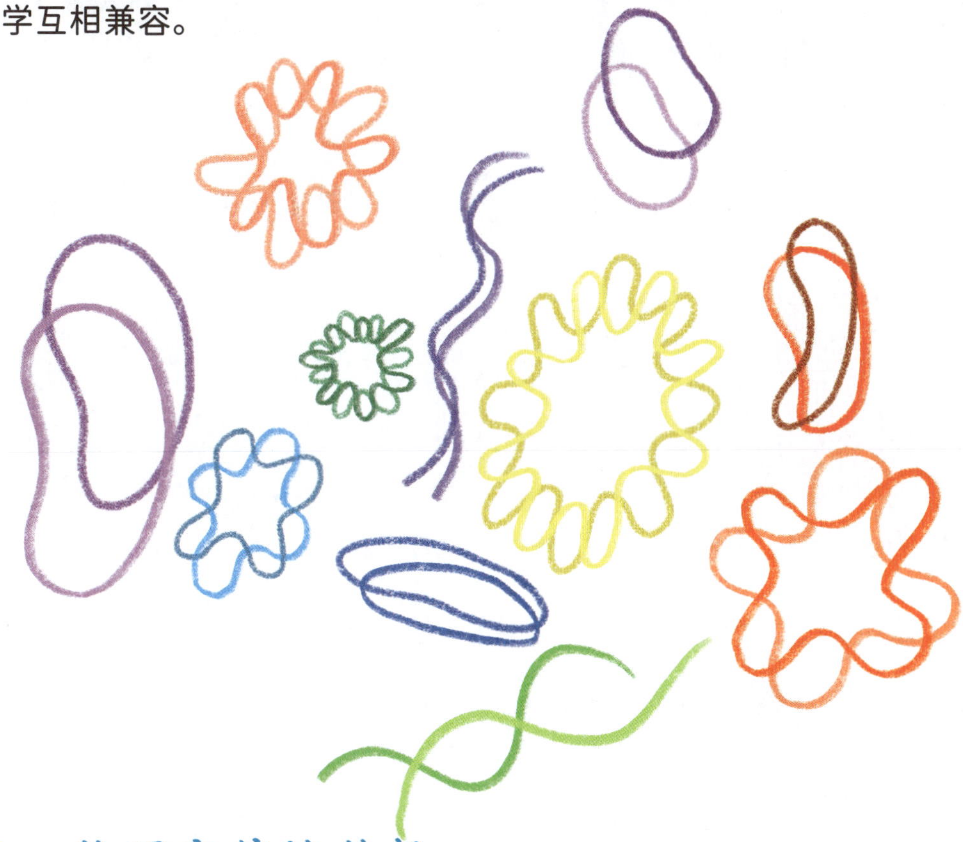

追逐统一物理定律的梦想

如今尽管我们已经取得了许多科技进步，但仍然没有提出一个令人信服的万有理论。如果有可能，对暗物质的研究将会推动这一领域的发展。暗物质是一种神秘的、看不见的物质，占宇宙中所有物质的80%以上。我们知道它一定存在，因为如果没有它，恒星、行星和星系就无法在宇宙中运动。也许有一天，我们能找到暗物质粒子，并最终统一了物理定律。当代科学家已经接过了爱因斯坦手中的“接力棒”，正在继续大步追逐这个梦想。

术语表

引力：时空的扭曲，导致有质量的物体被拉向彼此。

物理：研究物质和能量的性质与特性的学科。

轨道：物体围绕恒星、行星或卫星运行的弯曲路径。

相对论：由于观察者的相对运动，空间、时间和重力等事物发生相对变化。

静止：不发生运动。

方程：表示两项数学运算结果相等的式子，用符号“=”连接，例如$E=mc^2$。

X射线：一种能量高、波长短的电磁波。

介质：能量载体，即各种形式的能量可通过其传递的物质。

几何：数学的一个分支，研究点、线、面和立体的性质和关系。

光子：光的粒子或量子。光子携带与其波长有关的能量，但质量为零。

原子：化学元素的最小微粒。

分子：一组原子结合在一起形成的结构。

日食：由于月亮运行到太阳前面而遮挡住太阳光线的天文现象。

原子弹：通过原子核裂变（分裂）迅速释放出核能而产生巨大破坏力的炸弹。

量子：以离散形式存在的能量，如光量子。

悖论：看似荒谬或矛盾的陈述或观点。

时间膨胀：由于相对运动，一个观察者相对于另一个观察者感觉到时间变慢。

长度收缩：运动物体在其运动方向上的长度缩短，当运动速度接近光速时表现得很明显。

时空：由时间和三维空间组成的四维空间。

加速度：描述物体速度变化快慢的物理量。

匀速直线运动：以匀速做直线运动。

思想实验：利用假想的推理方式（不一定是真实的或可能发生的）推导实验结果。

扭曲：弯曲、弯折或变形。

原子核：原子的核心，由质子和中子组成。

涡轮：一种依靠快速流动的水、蒸汽、空气或其他流体推动而旋转以产生动力的轮子或转子。

宇宙学：研究宇宙起源和发展的科学。

斥力：使物体相互远离的力。

静态：不发生改变。

星系：一个由数百万或数十亿颗恒星组成的系统，通过引力将恒星聚集在一起。

波长：电磁波两个连续波峰之间的距离。

电子：带负电荷的次原子粒子，存在于所有原子中。

次原子粒子：比原子小或存在于原子内部的粒子。

著作权合同登记号：图字：02-2025-055

图书在版编目（CIP）数据

爱因斯坦的相对论 / (英) 迈克尔・利奇 (Michael Leach)，(英) 梅里埃・兰德 (Meriel Lland)，(英) 亚历克斯・伍尔夫 (Alex Woolf) 著；(哥伦) 朱安妮塔・隆多诺・加维里亚，(哥伦) 葆拉・萨穆迪奥绘；李小平，韩雪婷，金凯译. -- 天津：天津科技翻译出版有限公司，2025. 5. -- (科学家的故事). -- ISBN 978-7-5433-4696-3

Ⅰ. K837.126.11-49；O412.1-49

中国国家版本馆CIP数据核字第2025P7G676号

出　　版：天津科技翻译出版有限公司
出 版 人：方　艳
地　　址：天津市和平区西康路35号
邮政编码：300051
电　　话：（022）87894896
传　　真：（022）87893237
网　　址：www.tsttpc.com
印　　刷：天津中印联印务有限公司
发　　行：全国新华书店
版本记录：889mm × 1194mm　16开本　16印张　180千字
2025年5月第1版　2025年5月第1次印刷
定价：158.00元（全4册）

（如发现印装问题，可与出版社调换）

BIG IDEAS FOR CURIOUS MINDS

科学家的故事 4

CHARLES DARWIN’S ON THE ORIGIN OF SPECIES

达尔文的《物种起源》

[英] 迈克尔·利奇（Michael Leach） [英] 梅里埃·兰德（Meriel Lland） [英] 亚历克斯·伍尔夫（Alex Woolf）◎著
[哥伦] 朱安妮塔·隆多诺·加维里亚（Juanita Londoño-Gaviria） [墨] 葆拉·萨穆迪奥（Paula Zamudio）◎绘　李小平　韩雪婷　金凯◎译

天津出版传媒集团
天津科技翻译出版有限公司

目 录
CONTENTS

引言

天生的博物学家

开启奇妙的生物进化之旅

打开达尔文的“科学百宝箱”

让现代科技连接过去与未来

引 言

进化创造生命奇迹

我们生活在一个不断变化的世界之中。在时间的长河中，各种地貌——无论是岩石、山脉、山谷，还是海洋和海岸线，都会发生形态变化。同样，人类和动植物也在世世代代中一点点发生变化。这一过程是逐渐发展的，并且构成了进化的基础。进化是指生物随着时间的推移而发生变化。

达尔文的开创性著作

过去不是人人都认为地球和生物都处于持续变化的过程中。200年前，人们普遍认为世界是稳定不变的。后来，在1859年，查尔斯·达尔文出版了著作《论依据自然选择即在生存斗争中保存优良族的物种起源》，通常简称《物种起源》。这本书驱使人们重新思考这个问题：随着时间的推移，新的物种是如何产生或进化而来的，旧的物种又是如何灭绝的。《物种起源》阐明了“进化是通过自然选择这一机制发生的”的观点。

达尔文认为，生物出生时个体间就存在微小的差异或变异。一些生物的个体差异使得它们更能适应环境，于是这些生物会存活下来，最终长大，并繁衍昌盛；而那些适应性较差的生物则会灭绝。这就是自然选择的过程。

在本书中，我们将探讨《物种起源》是如何阐释进化和自然选择的，它们的运作方式、发现过程是怎样的，以及对当代科学的发展有哪些重要意义。

为伟大思想的诞生铺路

在18世纪和19世纪，许多科学家和思想家都提出了关于地质学和进化的想法，达尔文就出生在这样一个时代。当时的知识界充满了各种疑问和学说，它们都对《物种起源》的诞生产生了影响。

让·巴蒂斯特·拉马克

1809年，法国生物学家让·巴蒂斯特·拉马克成为第一个发表生物进化学说的人。他认为生物可以在其一生中发生变化，并将这些变化传给后代。例如，人常在健身房举重，可以使自己变得非常强壮，而他的孩子则会“继承”这种力量。尽管拉马克的想法现在已被证实是错误的，但它启迪了达尔文去关注生物的变化是如何发生的。

伊拉斯谟斯·达尔文

达尔文的祖父伊拉斯谟斯于1794年出版了《动物法则》，他在书中提出了“温血动物可能有共同起源”的观点。他还提出了“生物随着时间的推移发生了变化”的观点，认为首先发生的是植物的变化，然后发生的才是动物的变化。达尔文觉得这些观点很有趣，但认为书中的理论缺乏确凿的依据。

玛丽·安宁

著名的化石收集者玛丽·安宁在英格兰海岸的莱姆里杰斯生活和工作。她发现了许多具有研究价值的化石，这有助于其他科学家发现过去生物间的不同之处。她经常在她名为特雷的狗的陪伴下工作。

詹姆斯·赫顿

现代地质学之父詹姆斯·赫顿发展了“地质特征不断以非常缓慢的速度发生变化”的理论。他可能启发了达尔文思考植物和动物的变化是否也如此缓慢。

德·布封

德·布封是当时最受欢迎的博物学家之一，他发展了有关地球历史和繁殖的理论。达尔文称布封为“首位以科学精神论述‘进化’这一话题的现代作家”。

罗伯特·埃德蒙·格兰特和查尔斯·莱尔

19世纪20年代末，科学家罗伯特·埃德蒙·格兰特和查尔斯·莱尔就地球上的生命提出了两个重要的观点：一是所有生物都可以变成新的物种；二是植物和动物有共同的起源。他们以地质记录作为证据来构建自己的理论，但并不知道这些生物的变化究竟是如何发生的。达尔文在乘“贝格尔号”航行期间就阅读了莱尔的著作《地质学原理》。

天生的博物学家

酷爱探索大自然的男孩

查尔斯·罗伯特·达尔文是世界上最伟大的科学家之一。他于1859年出版了《物种起源》一书，并在书中解释了物种是如何随着时间的推移而变化、发展的。这一概念就是自然选择进化论，它彻底颠覆了人们对地球上生物多样性的认知。

在苏格兰收集海贝

1825年，16岁的达尔文在爱丁堡大学学习医学。但他并不喜欢这个专业，因此大部分时间他都在户外探索，为自己的“自然历史集”采集标本。他尤其喜欢收集和研究海贝。最终，他决定转专业，不再继续学医。

关于达尔文

达尔文于1809年2月12日出生在英格兰的什鲁斯伯里。他的父亲罗伯特是医生，母亲苏珊娜是知名瓷器制造商乔赛亚·韦奇伍德的女儿。达尔文一家住在塞文河岸边一座名为“蒙特”的房子里。达尔文在学校中不是一名优秀的学生，但他酷爱探索大自然，并常常从自己的亲身实践中获取知识。

在剑桥捕捉甲虫

1828年，达尔文入读剑桥大学的基督学院，准备成为一名英格兰国教会的牧师。那时的他有个独特的爱好——捕捉甲虫，并尽可能地收集和保存甲虫标本。有一次，达尔文捉到了两只十分稀有的甲虫，接着他又发现了一只。为了腾出手来捉第三只，他便将手中的一只甲虫放进了嘴里。没想到，这只甲虫释放出了一种难闻的液体，灼伤了达尔文的舌头，使他不得不把它吐了出来。达尔文呛咳不止，错失了这个“战利品”。

拜访加拉帕戈斯群岛

大学毕业后，达尔文找到了自己理想的工作，成为贝格尔号上的一名博物学家。他的目的地——加拉帕戈斯群岛距南美洲海岸有1000千米，抵达那里时他已经22岁了。在海上度过的4年时间里，他在博物研究方面的技能得到了显著提升，大量的标本收藏囊括了植物、动物和化石。

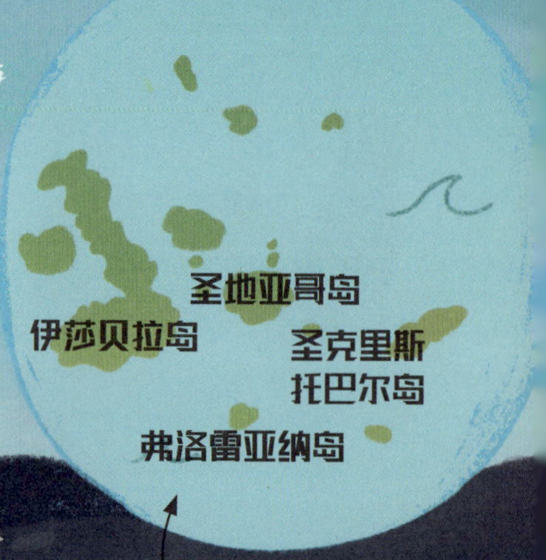

加拉帕戈斯群岛有100多座岛屿，其中一些非常小。达尔文登上了其中4座岛屿。

加拉帕戈斯象龟

加拉帕戈斯象龟是这些岛上的巨型龟，其龟壳分为两种，形状迥异——一种呈圆顶形，一种呈马鞍形。达尔文意识到，不同形态的龟壳使得这些龟擅长捕获的食物种类不同。这些变异，以及它们带来的优势是自然选择的重要特征。

红石蟹

海狮

达尔文雀

加拉帕戈斯群岛上有13种雀鸟，它们的体形都很小，并且外形相似。这些雀鸟对达尔文日后理解“生物如何适应环境”这一问题相当重要。这些鸟在喙的类型、取食习惯、栖息地等方面表现出很大的差异。它们有的吃虫子，有的吃谷物，有的吃水果或大型种子。它们帮助达尔文理解了物种是如何随着时间的推移而进化的。

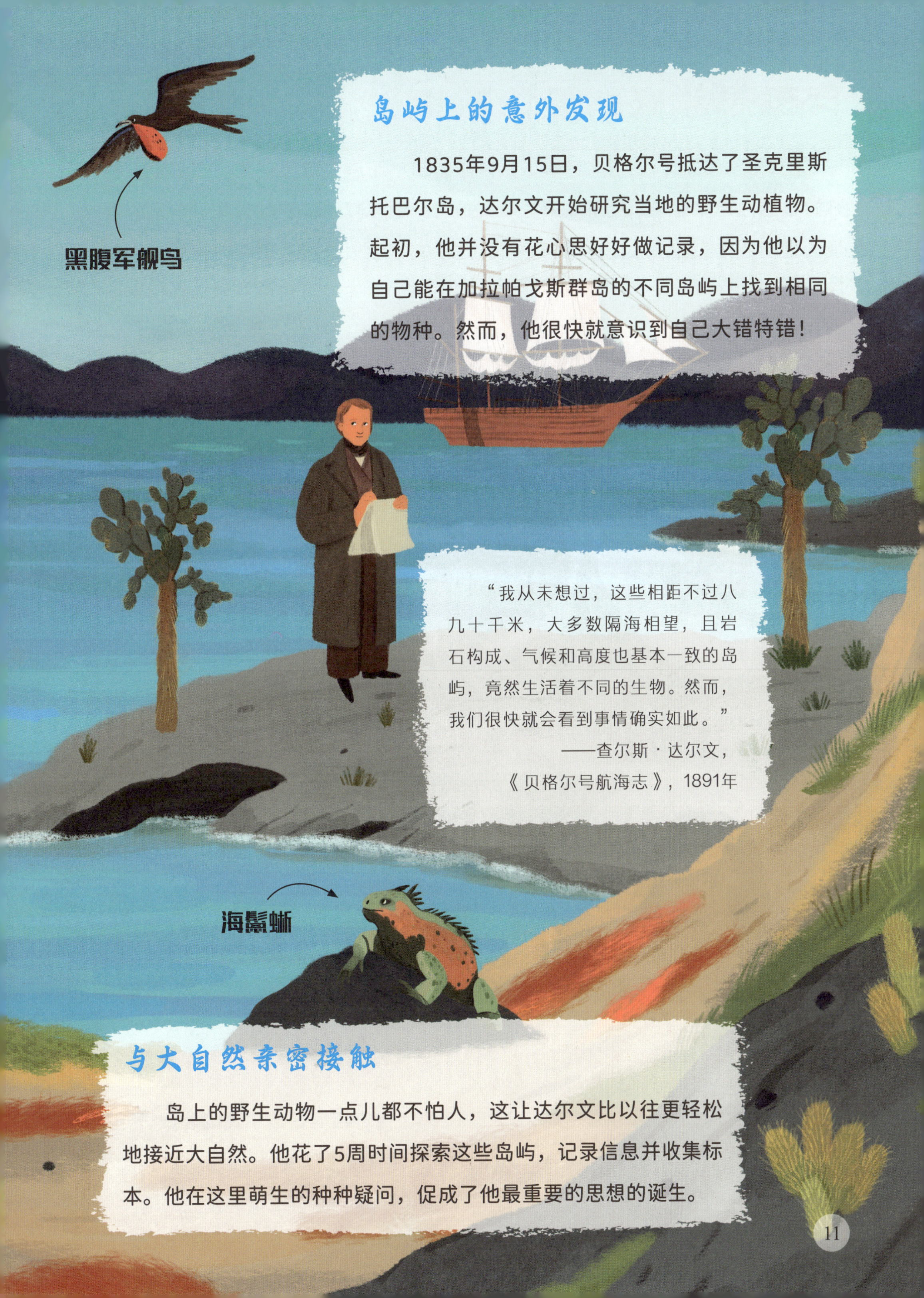

岛屿上的意外发现

1835年9月15日，贝格尔号抵达了圣克里斯托巴尔岛，达尔文开始研究当地的野生动植物。起初，他并没有花心思好好做记录，因为他以为自己能在加拉帕戈斯群岛的不同岛屿上找到相同的物种。然而，他很快就意识到自己大错特错！

“我从未想过，这些相距不过八九十千米，大多数隔海相望，且岩石构成、气候和高度也基本一致的岛屿，竟然生活着不同的生物。然而，我们很快就会看到事情确实如此。”

——查尔斯·达尔文，

《贝格尔号航海志》，1891年

与大自然亲密接触

岛上的野生动物一点儿都不怕人，这让达尔文比以往更轻松地接近大自然。他花了5周时间探索这些岛屿，记录信息并收集标本。他在这里萌生的种种疑问，促成了他最重要的思想的诞生。

两位思想家的理论碰撞

回到英格兰后，达尔文结婚了，并搬到了“唐屋”这座住宅。在那里，他开始根据自己旅程中所见所闻撰写研究报告。他与其他科学家分享了自己的发现，并不断做实验来验证自己的想法。达尔文喜欢边走路边思考，因此他在花园里修建了一条叫作“思考小径”的环形小路，每天都会和自己的狗在这里走上几圈。

家庭生活

艾玛·韦奇伍德是达尔文的表妹，她于1839年1月嫁给达尔文。他们养育了10个孩子，在“唐屋”过着忙碌的家庭生活。

通过自然选择进行的进化

达尔文认为，同一物种的个体之间总会存在微小的“变异”，即差异，可以由父母传给后代。其中一些变异对生物是有利的，可能有助于其后代更好地适应环境，例如更敏锐的视觉可以助其找到更多食物。越适应环境的生物活得越久，且能繁育更多的后代，并能将有利的性状传给后代。经过很长一段时间，这些有利的性状逐渐在整个居群内变得十分普遍。这就是通过自然选择进行的进化。

类似的见解

阿尔弗雷德·拉塞尔·华莱士是英国的一位教师，他热衷于收集植物和动物标本，曾在南美洲和东南亚广泛游历。1856年，他与达尔文通过信件讨论了有关生物进化的问题。1858年，身处亚洲的华莱士就“物种如何发生变化”这一问题产生了一个与达尔文类似的见解——自然选择。他将这个想法通过信件告诉了达尔文，同年，两人针对这一话题合作撰写了一篇论文。

阿尔弗雷德·拉塞尔·华莱士

达尔文的耽搁

由于担心其他科学家和社会各界会对自己提出的理论做出负面反应，达尔文一心想要收集尽可能多的证据和实例来支持自己提出的理论。华莱士的研究进展促使达尔文不得不尽快将自己的成果发表出来，经过16年的思考及实验，他终于决定将其公开发表。

《物种起源》引发激烈辩论

1858年，达尔文和华莱士提出的关于自然选择的理论在伦敦的一场科学会议上首次公开。两人一致认为达尔文是概述这一理论的第一人，但直到1年后《物种起源》的出版才使达尔文真正名声大噪。

《物种起源》，
1859年出版

早期的显微镜

引发科学热潮

19世纪是科学变革的时代。许多新发明在这一时期问世，其中就包括蒸汽火车。在这个时期，人们也开始探索过去——他们挖掘化石，发掘古代文明的遗迹。因此，科学家们对于“地球是如何随着时间变化的”这一问题有了更多的了解。

《物种起源》的出版让英国陷入了一片兴奋的热潮之中，几乎每个人对这本书都有自己的见解。有人对书中的观点持反对意见，也有人认同这个全新的理论。

生命是否像《圣经》中所说的那样起源于伊甸园？动物们真的在诺亚方舟上获救了吗？各种不同的物种都是如何出现的？

牛津大学自然史博物馆

“自然选择”引起激烈辩论

1860年6月，科学家们在牛津举行了一场会议，讨论“自然选择”这一话题。这场辩论异常激烈，辩论双方分别是博物学家托马斯·赫胥黎和主教塞缪尔·威尔伯福斯。赫胥黎持科学观点，威尔伯福斯则持教会观点。然而，达尔文和华莱士都没有出席这场会议。

伟大的演说家威尔伯福斯（左）和赫胥黎（右）。

自然观念之争

赫胥黎和威尔伯福斯都是出色的演说家，许多人认为这场辩论是进化论能否被认可的决定性时刻。

华莱士对于《物种起源》还有一个重要的想法。华莱士对达尔文表示，他认为自然选择的理论不适用于人类。达尔文则持不同意见，这促使他着手撰写一本他称之为“人类起源书”的新书，旨在探讨人类的进化。

教会与科学的观念之争变得非常激烈。

“我的书引起了轩然大波。”

——查尔斯·达尔文在给阿萨·格雷的信中写道，1860年

破译人类起源密码

1871年，达尔文出版了新书《人类的由来及性选择》，书中阐述了人类进化的理论。这本“人类起源书”的出版将《物种起源》引发的热潮推至顶峰。

当时的很多人通过《圣经》中亚当和夏娃的故事来解释人类的起源，但达尔文将人类视为“动物王国”的一部分，而不是与之分隔开来。他认为人类的进化方式与其他动物相同，而且人类和猿类有共同的祖先。

达尔文因其提出的理论遭到大众媒体的嘲讽，正如这张于1871年绘制的漫画所示。

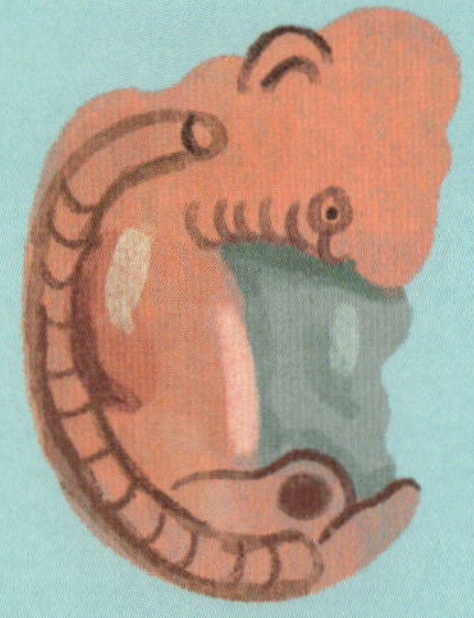

人类胚胎

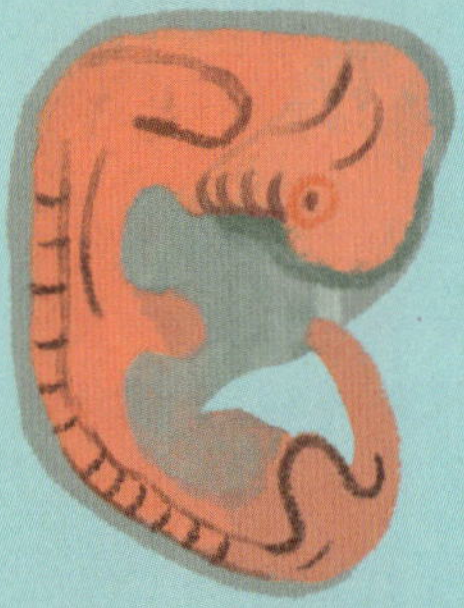

狗的胚胎

人类和狗的胚胎具有相似性。

我们竟有共同的祖先

达尔文认为，人类和猿类有一个共同的祖先。在很久以前，这个祖先的后代分化成了不同的动物分支。通过对比，达尔文找出了人类与其他哺乳动物身体的相似之处，研究了它们的骨骼及胚胎（未出生的后代）的相似性。他发现，人类的进化涉及智力特征。于是达尔文得出了结论：大脑同身体一样，在自然选择的作用下发生了进化。

这张曾刊登在法国《费加罗报》上的漫画描绘了达尔文给猴子展示它在镜中的映像这一虚构场景。

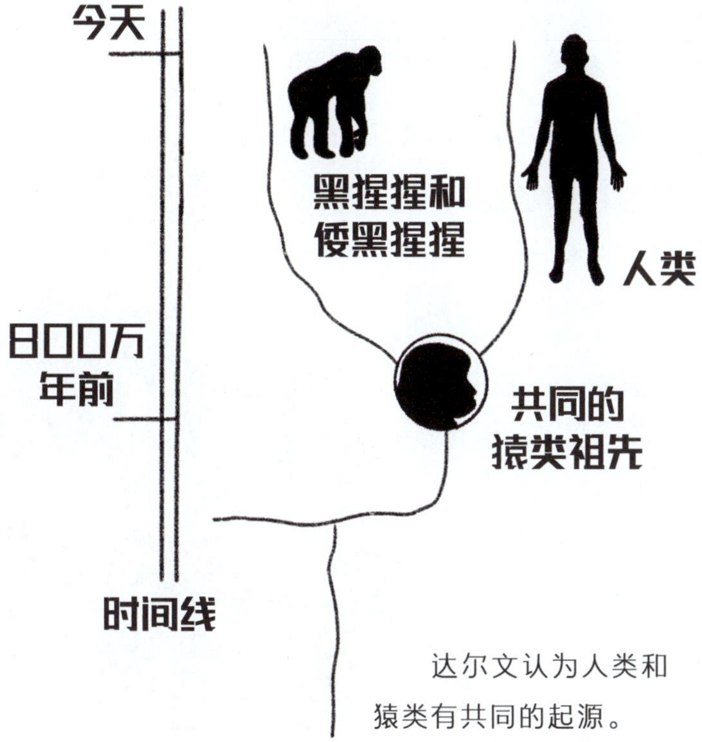

达尔文认为人类和猿类有共同的起源。

“人类仍然在身体结构上保留着其源自卑微起源的不可磨灭的印记。”

——查尔斯·达尔文，

《人类的由来及性选择》，1871年

不可思议的“性选择”

除了自然选择理论外，达尔文还提出了“性选择”这一概念——在某些物种中，个体会根据某些性状来择偶。例如，雄鹿可能会与同类争斗，以显示自己更强壮，最终强者赢得与雌鹿交配的权利；雌鸟可能会选择唱出最复杂歌声的雄鸟。这些性状有利于个体繁殖，但可能不利于自身生存，因为好斗的雄鹿更易受伤，而唱歌的鸟儿会成为捕食者的捕猎目标。

通常，只有最健康的动物才有机会交配并传递其性状。自然选择和性选择都涉及将性状传给后代，这使得物种可以随着时间而变化。

雄性鹪鹩用复杂的歌声吸引雌性配偶。

对观察与探索的热爱之心

达尔文从未停止学习及实验，他保持着科学家那种对观察及调查的热忱。他与全球2000多位“笔友”定期交流，与他们一起验证关于地球上生命的想法，书信往来超过15 000封。他写了14本书，其中包括4本关于单一物种的专著。

达尔文与许多科学家通过信件交流自己的想法。

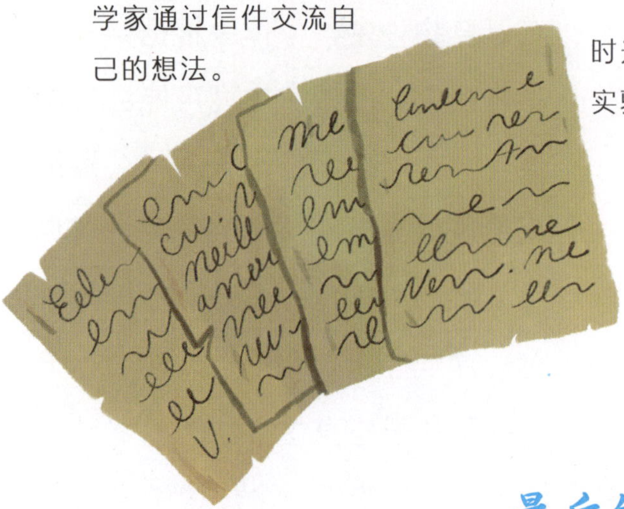

达尔文的整段成年时光都在思考、散步、实验和写作中度过。

当时的这幅漫画表达了一些不认同“进化论”的人对达尔文的嘲笑，将他和一个问号形状的蚯蚓画在了一起。

最后的著作

达尔文的最后一本著作名为《腐殖土的形成与蚯蚓的作用》，该书出版于1881年，正是在他去世的6个月前。这本书记录了他大约50年来对蚯蚓的习性，以及它们对生态系统（环境中的生物群落）的贡献的探索过程。

这本书公布了蚯蚓每年将地下的土壤升至地表的体积，展示了蚯蚓是如何改善土壤、帮助作物生长，以及在我们脚下实实在在地移动土壤的。

蚯蚓能听到声音吗？为了解答这个问题，达尔文发动家人、朋友和同事帮助自己进行实验。蚯蚓粪团从英国各地及更远的地方被收集过来，达尔文的孩子们对着蚯蚓演奏钢琴和大管，朝着蚯蚓大喊，并观察其反应。

蚯蚓正在摄取有机物并改善土壤。

揭示蚯蚓的工作原理

达尔文发现，蚯蚓生活在土壤中。它们挖掘土壤以摄取土壤中的有机物，如落叶的分解物，然后排泄出粪团。在这个过程中，它们能将地下的营养物质带到地表，维护土壤的健康。达尔文一直保持着对自然界的好奇和研究精神，即使在生命的最后阶段，也仍努力寻求重要的科学发现。他改变了我们对世界的看法。

生命的礼赞

达尔文于1882年去世，他的葬礼在伦敦威斯敏斯特教堂隆重举行。在全球范围内，以他的名字命名的物种有250多个，其中就包括著名的达尔文蛙。这一物种孵育幼蛙的方式十分特别——幼蛙在雄蛙的喉囊中孵化。这是一个十分有趣的现象，它展示了自然选择的奇妙之处。

威斯敏斯特教堂中达尔文的墓碑

这座达尔文雕像在伦敦自然史博物馆中占据重要位置。

达尔文蛙是一个与其名字一样引人注目的物种。

开启奇妙的生物进化之旅

乘坐“化石时空穿梭机”

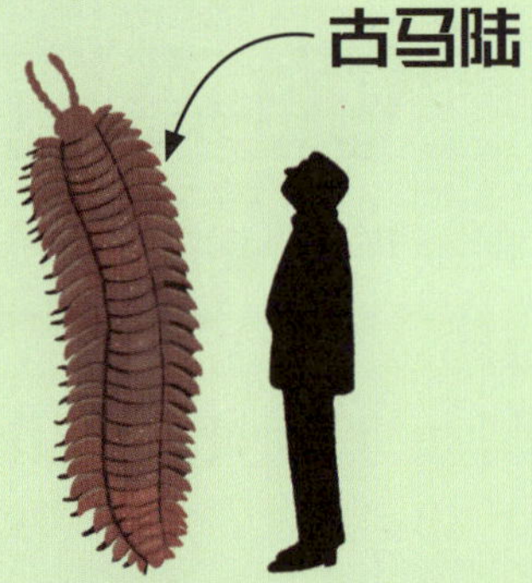

马陆会比人还高吗?

地球上遍布生命，从海洋深处到雨林冠层，都有动植物在繁衍生息。世界的面貌在时间的长河中发生了巨大变化。地球能成为如今这样一个充满多种多样生命的星球，要归功于进化过程。

支持“自然选择”的证据

达尔文通过对自己收集的大量标本，以及对现存和化石中动植物的观察，推断生物受制于自己所称的“自然选择”。其核心理论是：能很好地适应其生存环境的物种得以存活，而不能适应其生存环境的物种就会灭绝。

体形惊人的巨型马陆

化石会记录某些物种随着时间变化的方式，古马陆的化石就是一个典型的例子。在今天，非洲黑色巨型马陆身长可达36厘米，与它们那许多仅有指甲盖大小的“亲戚”相比，它们的体形可谓巨大了。但若与大约3.5亿年前身长2.7米的巨型马陆——古马陆的化石相比，它们就显得相当渺小了。看来，体形较小的马陆能存活下来，而它们体形庞大的祖先却不能。也许是环境、气候或食物来源发生了变化，导致古马陆灭绝。

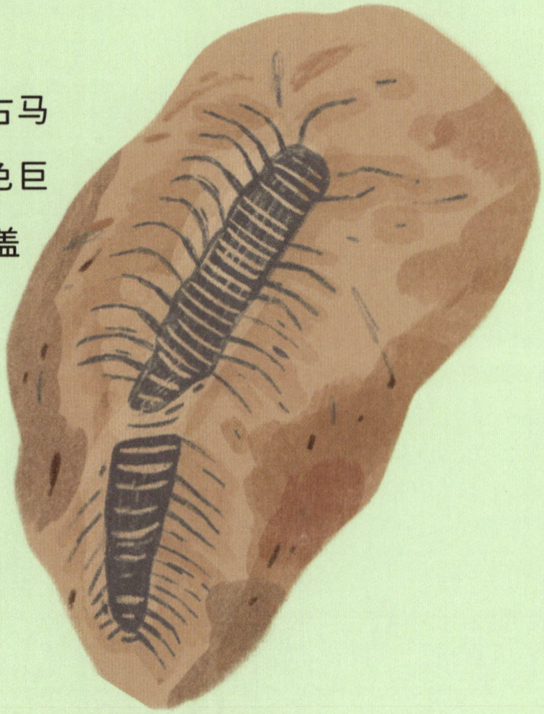

“深藏不露”的遗迹

化石的形成

化石是数百万年前的动植物留存下来的遗骸或痕迹。化石的形成需要一些非常特殊的条件，比如动物死亡后就迅速被沙子、泥土或火山灰等沉积物覆盖。由于这些情况较为罕见，而且人们发现的化石数量不多，所以地球上生命的化石记录尚不完整。迄今，我们只发现了世界上不到1%的动物化石，剩下的99%仍无从了解。弄清楚一种动物的进化过程，就像拼凑一幅由500块拼图组成的图画，而其中的450块拼图却失落无踪！

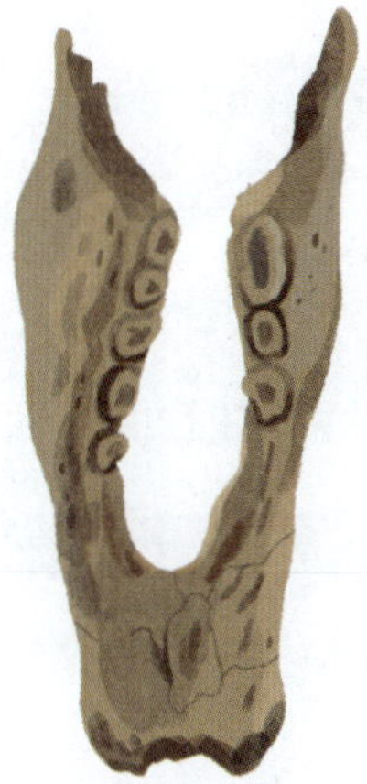

磨齿兽颌骨化石

有些动物已经灭绝。达尔文发现了已灭绝的磨齿兽的颌骨化石。

磨齿兽与人类骨架的尺寸对比

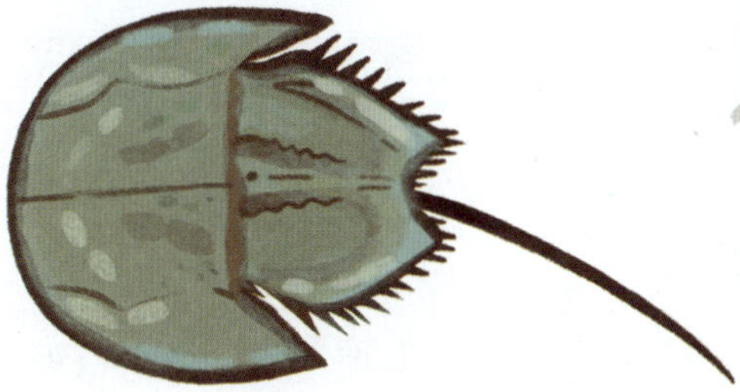

鲎

有些物种已存续了数千年之久。例如鲎在4.8亿年间几乎没有发生什么变化。我们把这些生物称为“活化石”，它们已经完全适应其生存环境，不需要再进化。

鱼的化石

变异之下的多重面孔

一个物种是指一组外表相似并能通过繁殖产生可育后代的植物或动物。达尔文想要弄清楚为什么地球上存在这么多物种，这些物种在过去是否不同，生物又是如何从一种形态变化为另一种形态的。

自然选择是指基于个体之间的差异或变异，最能适应环境的生物得以生存下来。这些变异可能对该物种的生存有利，也可能不利。产生有利的变异意味着该物种将繁衍兴盛，并将优势传给后代。接下来，让我们看看变异的运作方式。

形态各异的青蛙

想象一下生活在泰国南部雨林中的青蛙。其头部形状、表皮颜色和质地各异。

角状头部

圆形头部

褐色表皮

绿色表皮

表皮有斑纹

表皮无斑纹

巧妙躲避捕食者

青蛙生活在潮湿、凉爽的落叶堆中，它们夜晚捕食蜘蛛、蜥蜴和小型啮齿动物，同时又是蛇和鸟类的猎物。

这些表皮褐色且有斑纹、有叶子形角状头部的青蛙具有很强的伪装能力，能有效躲避捕食者并捕获更多的猎物。因此，它们能活得更久，繁殖更多的后代，并将其生理特征遗传给下一代。

最佳伪装

随着时间的推移，经过多代的进化，最“成功”的青蛙是那些外形特征最接近周围环境的青蛙。下面，让我们来认识一下三角枯叶蛙。

白天，三角枯叶蛙在浅色的背景下十分醒目……

……但在落叶堆中几乎难以辨识。

野菜变食物，动物变帮手

人类已经能够利用物种产生的变异，通过选择育种（有时也称“人工育种”）来选择希望植物或动物传递给下一代的特征或性状。例如，早期农民通过对粮食作物（如小麦和大麦）进行选择育种，来获得更高的产量或使粮食作物拥有更强的抗病性。达尔文研究了牛、绵羊和狗的选择育种。

虽然体形差异巨大，但大丹犬和吉娃娃属于同一个物种。

大丹犬和吉娃娃

美味丰富的蔬菜

大约1万年前，人类开始耕种植物、养殖动物。数千年来，农民通过从具有所需性状的植物上收集种子并培育，改变了许多植物物种。野生卷心菜经过选择育种，产生了许多不同形态的蔬菜，如花椰菜和西蓝花。番茄、苹果、扁豆和豌豆都曾是野生植物，后来经过人类的选育而变得不同。

从狼到犬

狗的起源可以追溯到灰狼。约2.5万年前，人类开始与野狼互动。与人类亲近的一些狼开始成为人类聚居地的常客，并为人类提供保护以换取食物。人类开始有选择地培育狼的幼崽，将忠诚或情绪稳定等特征作为选择标准。人类还关注其外貌特征，比如选择体形高大的雌性与体形高大的雄性交配，它们就会生出高大的后代。人类还选择了一些其他特征进行培育，比如更强壮或跑得更快。现在各种各样的狗成为人类的宠物或助手，它们各有所长。

形态各异的“亲戚”们

“共同起源”是一个生物学术语，用来描述一群生物拥有一个共同的祖先。《物种起源》提到，同一物种可能会进化出许多不同的品种。达尔文曾以家鸽为例来说明这一点。

野生原鸽是人类最早驯化的鸟类。在5000多年前的中东，人们为了食用鸽子的肉和蛋，捕捉并饲养它们。每当人们迁移到新地区时，都会带上鸽子，久而久之，人们在世界上的大部分地区都能见到鸽子的身影。

渐渐地，养鸽成了一种时髦的爱好。人们开始有选择地培育它们，以使其产生新的形态。很快带有卷曲羽毛或毛领的鸽子品种出现了。达尔文曾饲养鸽子来验证自己的理论。他发现，鸽子通常会将尾巴形状或羽毛颜色这些特征遗传给雏鸟。

“尽管不同品种的鸽子之间差异很大，但我完全相信自然学家的共识是正确的，即鸽子的所有品种都是从原鸽传衍而来的。”

——查尔斯·达尔文，《物种起源》，1859年

自由择偶与野化

鸽子不容易被长期圈养，许多养殖的鸽子逃到了野外并繁衍后代。一旦这些鸽子开始自由择偶，其后代的形态便会再次改变。它们变得与那些人工培育的品种不再相像，而更接近其祖先——原鸽的样子。最终，它们成为现在遍布世界的野化家鸽。

无意识的选择

从狼和鸽子的例子中可以看出，动物的后代在人类的选育下可能会发生不同的变异，但有些特征的选择可能是人们无意识做出的。人类在选择某一特征时，可能同时选择了另外一些特征，使得一些难以察觉的变异发生。例如，人类有选择地培育出了家鸡，它比其野生祖先能更快成熟，以便生产蛋和肉，但这个过程的同时使得它们的腿骨和大脑变得更小。

野生的祖先

达尔文提出，家鸡是从原鸡传衍而来的，因为它们的外表相似。现代的DNA技术为他的这一理论提供了科学支撑。

物竞天择，适者生存

你听说过“适者生存”吗？在《物种起源》的后期版本中，达尔文使用这个术语来描述自然选择的基础机制。在这里，“适者”并不是指体格最强壮或行动最快的物种，而是指最能适应其生存环境的物种。最能适应其生存环境的植物或动物将会生存下来并繁衍后代。

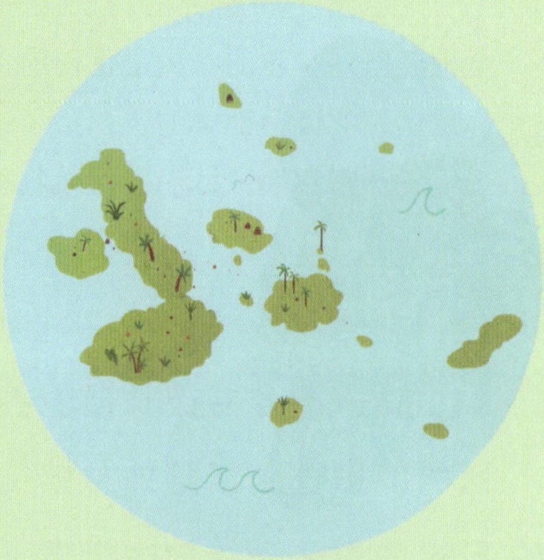

加拉帕戈斯群岛

中嘴地雀

大嘴地雀

“我称这一原则为‘自然选择’，即对于每一个微小的变异来说，如果它有利于生物生存，就会被保留下来。但赫伯特·斯宾塞先生常用的‘适者生存’的表述更为准确……”

——查尔斯·达尔文，

《物种起源》，1859年

加岛绿莺雀

小嘴树雀

不同形状的喙

从加拉帕戈斯群岛回来后，达尔文有了一个非常重要的发现。通过观察在岛上收集的标本，他发现那里的雀鸟长得非常相似，只是喙的形状有所不同。自然选择或者说适者生存，有助于解释这一现象。

雀鸟“餐具”五花八门

大约在200万年前，南美洲一种被称为“草雀”的小鸟被风刮到了965千米外的加拉帕戈斯群岛。这个群岛的每座岛屿的食物来源都不同，因此，这些鸟演化出各种不同形状和大小的喙，以适应新的环境。例如，在昆虫丰富的岩石岛上，细长的喙有利于它们从石缝中取出虫子，因此那些拥有细长喙的鸟能够获取丰富的食物，繁衍出许多后代，并将对它们有利的喙的特征遗传下去。

被森林覆盖的岛屿提供了丰富的种子，为了打破坚硬的种子外壳，鸟类需要拥有宽大、有力的喙。随着时间的推移，这些宽大、有力的喙逐渐演化成了如今的大嘴地雀所拥有的能够粉碎大型种子的喙。这就阐明了在同一物种的居群内，有利的变异能够在大多数个体中显现出来。

平塔岛上的加岛灰莺雀长着细长的喙。

加岛灰莺雀

大嘴地雀的喙非常独特。

大嘴地雀

吸血地雀

拟䴕树雀

以血代水

有一些岛屿上几乎没有淡水。由于水资源短缺，一些喙较大的雀鸟学会了吸血！吸血地雀会在海鸟的皮肤上啄出洞来，然后肆意吮吸。

使劲挖

超级聪明且喙细长的拟䴕树雀会利用仙人掌的刺从木头的洞里挖出幼虫。

历经残酷生存斗争

达尔文阐述了“生存斗争”的概念，即整个物种或动物个体必须争夺领地和食物，因为这些必需品是有限的。他认为最适应自己栖息地的物种会存活下来并繁衍后代，而未能适应的物种将会灭绝。

猛犸象的生存挑战

猛犸象最早出现在大约100万年前。当时北半球的土地被冰川和冰原覆盖，而猛犸象厚实的皮毛能够保护它们免受冰河时代寒冷气候的影响。大约在1.2万年前，气候变暖，皮毛厚重的猛犸象难以忍受这种温度。与此同时，一些更能适应温暖气候的动物从南方迁徙而来，生存斗争一触即发。后来，人类也来到了这里，并且开始猎杀这些行动缓慢的巨兽。猛犸象在大约8000年前灭绝，因为它们既没能快速适应不断变化的环境，又没能躲避人类的猎杀。

木乃伊化的幼年猛犸象

冰河时代的宝宝

2012年，人们在西伯利亚的冻土中发现了一只冰封的幼年猛犸象。它大约有3万年的历史，能够帮助我们更深入地了解这个物种。

一群大块头

大约1500万年前，企鹅的祖先是会飞的。它们以鱼类为食，在海面捕食时与其他海鸟展开竞争。它们中一些体重较大的会潜入更深的水域捕食。逐渐增加的体重能更好地帮助自身下潜，但同时也让它们愈发难以飞行。但是，它们因此获得了更多的食物。慢慢地，它们把体形庞大的特征遗传给了后代。

早期企鹅——威马奴企鹅

现代企鹅

水下“飞行”

企鹅在没有陆地捕食者的环境中进化，不久，它们就不再需要飞行了。它们的翅膀最终变成了在捕猎时推动自身在水中游动的鳍，又进化出厚厚的脂肪层来抵御寒冷。进化让这种能完美适应栖息地的鸟类诞生了。

择偶之时的魅力比拼

经过多年的研究，达尔文意识到有些动物的适应性无法用寻找食物或躲避天敌这些生存斗争来解释。他认为某些物种的改变是因争夺配偶引起的。所有动物都有交配和繁殖的本能，而在这方面最成功的个体会将其特征遗传给下一代。某些“变异”，或者说差异，比如体现在鹿角、羽毛、歌声、动作和力量上的，可以对配偶产生极大的吸引力。

壮丽细尾鹩莺

鸟类面临着许多捕食者的猎杀，最好的防御策略就是让自身难以被发现。在大部分时间里，澳大利亚雄性壮丽细尾鹩莺的羽毛都呈暗淡的褐色，非常适合在它们生活的矮树丛中进行伪装。到了繁殖的季节，雄鸟需要竞争交配权，即向雌鸟展示自己的优势。这时，雄鸟会褪去褐色的羽毛，长出一身鲜亮的蓝色羽毛，十分惹眼。雌鸟会选择毛色最鲜亮的雄鸟作为配偶，而毛色暗淡的雄鸟通常不会有繁殖的机会。

强壮的身躯

南象海豹

雄性象海豹体形巨大，体重为雌性的8~10倍。最大的雄性象海豹身长6米，重达4000千克。雄性和雌性之间的这种巨大差异被称为两性异形。

只有体形最大的雄兽才有机会繁衍后代，而体形较小的雄兽会受到攻击并被赶走。体形大的雄兽会将巨大的体形这一特征遗传给雄性后代，历经数千年的进化，它们的体形变得越来越大。

象海豹的两性异形体现在雄兽的体形比雌兽大得多。

雄兽在打斗。

自信挥动大螯

雌性招潮蟹长着两只相同的小前螯，而雄蟹的两只前螯并不对称，一只很小，一只很大。在寻找配偶时，雄蟹则会自信地挥动大螯，以显示自己的健康、强壮；雌蟹会选择螯最大的雄蟹进行交配。于是螯较小的雄蟹逐渐灭绝，而存活下来的雄蟹历经世代的传衍，螯变得越来越大。

挥动大螯的夸示举动能吸引雌蟹，也可能引发雄蟹之间的决斗。

雄性招潮蟹

一场激烈的战斗

非凡“天才”有本领

化石可以帮助我们理解动物是如何随着时间的推移而发生变化，并逐渐适应环境的。达尔文认为，生理结构的进化与本能和习性的进化在自然选择中同样重要，但动物在本能和习性的进化方面留下的痕迹很少。和动物的生理结构一样，动物的习性也在数百万年间进化着，由成年动物传给幼崽。

动物的本能和习性

一个物种的本能是指种内所有个体无须学习就会做相同的事情。个体会做出本能的举动，即便它们并不知道自己为什么要这样做。达尔文认为，如果某一本能有利于个体生存，就会遗传给后代，最终传给整个物种。

天生的迁徙者

北极燕鸥不断地迁徙，它们每年飞行约9万千米，这完全出于本能。迁徙的本能可能始于冰河时代。当海洋结冰时，它们不得不向南迁徙，以继续捕鱼。其中一些甚至飞到了南极洲。当南方的天气变得非常寒冷时，北极燕鸥便飞向北方的繁殖地。当北半球的冬天来临时，它们又返回南方。它们迁徙是为了繁殖，本能驱使它们每年进行两次这样不可思议的旅行。

动物里的筑巢高手

鸟类筑巢的行为并非源自父母教导，而是出于本能。最初的鸟类可能直接在地面上产卵。渐渐地，一些鸟开始用树叶覆盖鸟蛋，将其隐藏起来，以免受到捕食者的攻击。如此一来，就有更多的蛋被孵化出来。将蛋隐藏起来是鸟类行为中非常重要的变异，这有利于更多的雏鸟存活下来。不久，有的鸟开始在远离地面捕食者的树上用嫩枝搭建一个平台，并在平台上产卵，使得更多的雏鸟得以存活。经过数百万年，鸟类进化出了更出色的筑巢能力。比如，攀雀用蜘蛛网、动物毛发和树叶将巢吊在水面上方的树枝上，使捕食者难以靠近。

食卵蛇正在吞食鸟蛋

欧亚攀雀的巢，
内有雏鸟

踏进难以企及的神秘地带

达尔文对进化的理解在很大程度上是受到自己在加拉帕戈斯群岛那段时光的启发。岛屿为栖息在其中的动物提供了独特的环境。由于岛屿与世隔绝，基本没有外来动物入侵，所以食物和领土的竞争者较少。如此一来，对物种有利的变异可以更快出现，这导致了一些不可思议的极端进化产生。

巨鸟之地上的象鸟

巨型鸟类

根据达尔文所说的“生存斗争”，一般而言，动物的体形越大，在寻找食物时越有优势。现在来认识一下曾经在马达加斯加岛上发现的象鸟。象鸟不能飞行，身高3米，重达730千克。

马达加斯加岛最大的捕食者——马岛长尾狸猫

象鸟之所以进化出这么大的体形，是因为岛上没有大型猫科动物或其他大型捕食者来猎杀它们，而且食物竞争并不激烈。这一现象称为“岛屿巨型化”。马达加斯加岛上最大的捕食者是马岛长尾狸猫，身长只有70~80厘米，体重在5.5~8.6千克之间。受制于体形，它只能捕食小型的象鸟雏鸟，对成年象鸟则束手无策。

“猎蛋者”来袭

象鸟蛋很大，由坚固的外壳保护，食腐动物无法将其敲开。大约1万年前，人类来到了这座岛屿，为了生存不得不适应这个新环境。在寻找食物时，人类发现，成年象鸟对他们来说体形太大，无法猎杀，但其巨大的蛋可以用锋利的石器敲开。当时，仅一颗象鸟蛋就能为一个小家庭提供足够的食物。于是，成千上万的象鸟蛋被人类拿走，这对象鸟的居群产生了严重影响。

“岛屿巨型化”的一个实例——象鸟

进化通常需要历经数百万年，但当一个新物种来到某处栖息地时，当地原有的物种必须尽快适应，否则就会灭绝。象鸟为了适应新的生存环境而产生的变化不够快，因此其数量不断下降，最终在大约1000年前灭绝。

一颗巨大的象鸟蛋远比鸡蛋能养活更多的人。

打开达尔文的“科学百宝箱”

化石填补地球发展时间线

达尔文的《物种起源》向世界阐释了生物进化的过程，而此书出版后的诸多发现则帮助科学家们更深入地理解了进化是如何塑造世界的。

发现更多化石

达尔文是在化石证据极少的情况下提出自己的观点的。当时，世界上大部分关键的化石还未被发现。如今，科学家们可以利用化石填补一部分进化时间线上的空白了。

这个复原的胚胎来自一块至少已有6600万年历史的恐龙化石。

鲸是鲸类动物家族的一员，现存与它们血缘最近的“亲戚”是河马。

恐龙奇遇

“恐龙”这个名称的英文“dinosaur”意为“恐怖的蜥蜴”，于1841年首次使用。我们现在可以得知，地球上曾经出现过几百个恐龙物种，有体形大小和鸡差不多的鹰角龙，也有体长35米的巨超龙。

小琥珀里的大世界

现代技术可以帮助科学家确定某些动物遗骸的年龄，从而了解其进化了多长时间。琥珀是一种黏性树脂，能变得像石头那么硬。昆虫偶然间会被困在琥珀中，被完好地保存在其内部。已知最古老的保存在琥珀中的昆虫生存于2.3亿年前。

保存在琥珀中的昆虫

与众不同的鲸

人们曾经认为鲸是特殊的鱼类，但到了达尔文生活的那个年代，人们明白了这两者没有关系——鱼类可以在水中呼吸，而鲸需要呼吸空气。达尔文很想知道这两类共处同一片栖息地的动物为何会进化出这样的差异。后来通过研究，他认为鲸的祖先可能是生活在海岸的以昆虫为食的哺乳动物。

最新发现的化石显示，鲸是从印多霍斯进化而来的，这是一种长得像鹿的动物。这种动物的骨骼表明，它们曾在水中生活。经过5000万年的时间，它们的身体变得更重，形态也发生了改变，并且进入海洋生活。如今的鲸已经完全适应了水生环境，但仍然像其祖先一样需要呼吸空气。

印多霍斯

巴基斯坦古鲸

游走鲸

龙王鲸

鲸类

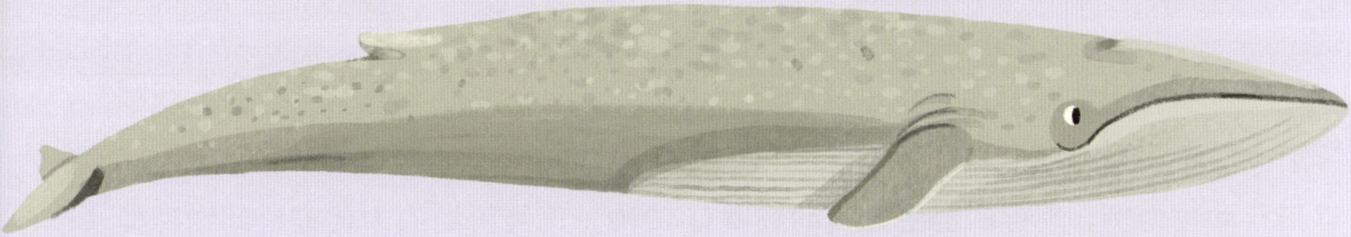

“生命之树”上的进化源头

1837年，达尔文在笔记本上画了个简单的涂鸦，他尝试将地球上所有生命的进化过程视觉化。这份涂鸦后来被称为“生命之树”，是科学史上非常重要的一个理论的开端。

“生命之树”理论起源于达尔文笔记本中的涂鸦。

画出整个世界的涂鸦

在《物种起源》中，达尔文画了一棵更详细的“进化树”。树的主干代表最早出现的生物，顶部的分支代表生活在今天的生物。达尔文相信，所有生物都是从同一个古老的祖先进化而来的。实际上，进化过程无法画成一棵简单的树。地球上现存的动物物种就有约800万种，所以这棵进化树过于复杂，科学家们无法完全掌握它。地球上的第一个生命很可能是细菌，而其他所有物种都是由这些微小的生物进化而来的，但细菌可能在不同的时间出现在世界上的不同地点。

达尔文的理论是，随着时间的推移，进化树变得越来越大——其中一些分支会消亡，而另一些则会扩展，并分裂成更小的分支。如果我们回溯得足够久远，这棵树就会将所有物种都联系在一起。

追踪物种

达尔文提出的“生命之树”为解答“现代动物是如何进化而来的”这个问题提供了一条思路。然而，即使是追踪树上一个物种的进化过程也是极其复杂的。以猫科动物为例，现存的野生猫科动物就有40种，已经灭绝的古代猫科动物种类就更多了。现代老虎已经存在了大约200万年，它们已经灭绝的祖先——小古猫，也是所有野狗的祖先。

猫科动物的进化

发出呼噜声的猫

这类猫科动物无法发出咆哮声，只能发出呼噜声和嘶吼声。许多这样的猫科动物如今也能见到，其中包括家猫和像美洲狮这样的野生猫科动物。

小古猫

生存于大约5000万年前，是包括狗和猫在内的食肉动物的远古祖先。

孟加拉虎

首次出现在大约200万年前。

家猫

始猫

生存于大约2500万年前。

龙担虎

生存于大约250万年前。

美洲狮

假猫

生存于大约2000万年前，是所有猫类最后的共同祖先。

恐猫

生存于大约500万年前。

美洲剑齿虎

已灭绝的一种剑齿虎。

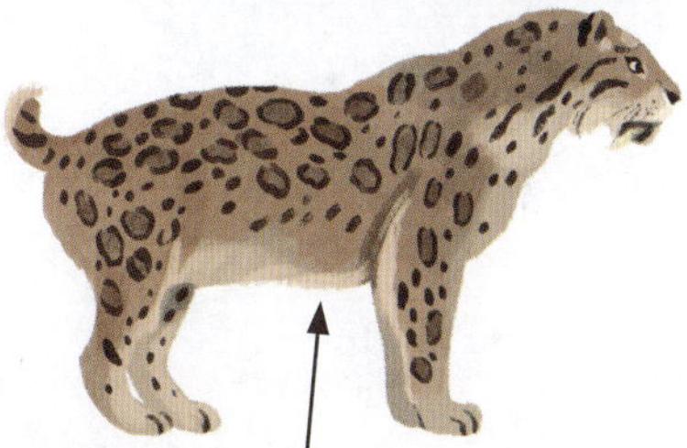

副剑齿虎

生存于大约1500万年前，是剑齿猫科动物的祖先。

巨颏虎

已灭绝的剑齿猫科动物。

短剑剑齿虎

已灭绝的大型剑齿猫科动物。

似剑齿虎

已灭绝的弯刀齿猫科动物。

几千年来，物种的进化存在许多“死胡同”，也存在许多令人惊讶的联系。在图中的进化分支上，只有孟加拉虎、家猫和美洲狮存活至今。

生态系统的平衡与和谐

《物种起源》阐述了不同物种之间为了生存而相互依存的关系。它们之间构成了一个复杂的关系网络，既包括竞争，也涵盖合作。动物可能会因为争夺领地而发生搏斗，而植物也可能为了获取阳光而相互竞争。它们可能会相互捕食，也可能在某些情况下相互协助。

热带草原的故事

在非洲的草原上，生活着众多不同的物种，它们各自拥有独特的生存需求，却在同一个生态系统中紧密相连。举个例子，羚羊是植食性动物，而猎豹则是肉食性动物，以猎取羚羊为生。

这张网络中的所有生物使其处于平衡的状态，移除任何一个元素都会威胁整个生态系统。如果猎豹不复存在，羚羊的数量将迅速增长，它们可能会面临食物短缺的危险；如果草没有了，羚羊将会灭绝，猎豹也会随之消失。每一个栖息地中的物种在历经数百万年的进化后，都逐渐形成了一种相互关联的状态。

共生关系

一些物种与其他物种之间形成了非常紧密的联系。牛椋鸟一生都在大型哺乳动物（如犀牛）的身上飞来飞去，吃掉附着在它们皮肤上的虱子等吸血的昆虫。这一过程既为牛椋鸟提供了食物，也帮助犀牛清除了皮肤上的寄生虫。此外，牛椋鸟还是优秀的警戒者，一旦捕食犀牛的动物出现，它们就会发出警报声。在斯瓦希里语中，牛椋鸟的名字为“Askari Wa Kifaru”，意为“犀牛的守卫”。

蜂鸟和红花木曼陀罗

花朵需要经过传粉才能产生种子。昆虫、鸟类、蝙蝠等传粉者会被花蜜这种食物所吸引，并在取食的过程中进行传粉。然而，大部分花粉会因传送到错误的植物物种上而被白白浪费。于是，一些花朵逐渐演化出了独特的形状以避免这个问题。红花木曼陀罗巧妙地将花蜜隐藏在其长长的喇叭形花朵内部，只有拥有足够长的喙的刀嘴蜂鸟才能够获取这份美食。当刀嘴蜂鸟吸食花蜜时，花粉会黏附在它们的喙上，然后被带到同一物种的其他花朵上。

刀嘴蜂鸟形状特殊的喙使得它们难以从其他类型的花朵中获取食物，因此它们会持续往返于红花木曼陀罗的花朵之间。刀嘴蜂鸟确保了这种植物能够有效传粉，作为回报，它们获得了丰富的食物。

刀嘴蜂鸟
从红花木曼陀罗处
获取食物

24小时地球历史

达尔文明确指出，自然选择作用下的进化并不是快速发生的，而是经过漫长时间微小变化的逐渐累积。如今，科学家们认识到地球上的生命最早出现在约37亿年前。热液喷口是海底地壳裂缝，由火山活动加热海水而形成。人们在深海热液喷口附近发现了微小的微生物化石。地球上所有生命的祖先，也就是达尔文提出的“最后普遍共同祖先”，大约就生活在这些微生物存活的时期。

化繁为简

将整个地球的生命周期想象成一天中的24小时，有助于我们理解生命是如何缓慢进化的。

以这种方式审视地球历史，能够发现人类出现的时期其实离现在并不遥远。

00:01　地球形成

00:01—03:00　地球上火山活动频繁，温度极高，大气中充满有毒气体

03:15　最初的岩石形成

04:20　最早的单细胞生命以微生物的形式出现

05:30　第一批化石形成

08:00　最后普遍共同祖先出现

09:00　细菌开始释放氧气

10:40　氧气水平开始上升

11:00　第一块陆地开始从海面上升

18:40　简单的藻类开始生长

21:20　最早的鱼类出现

21:36　最早的陆生植物开始生长

21:56　最早的昆虫进化出现

22:00　森林、丛林形成

22:47　最早的恐龙进化出现

22:56　小型的哺乳动物出现

23:15　鸟类从恐龙进化而来

23:40　大规模灭绝事件——小行星撞击地球，导致恐龙灭绝

23:59　现代人类出现

不可或缺的叠层石

热带浅海存在一种独特的结构——叠层石。这是地球上最早出现的一种生命形式，它们由数百万海洋微生物共同构成的群体组成。为了保护自己，这些生物会释放出一种黏液，将沙子和小块岩石与自身黏结在一起，并形成大块的石头。

尽管如今叠层石罕见，但在35亿年前它却广泛存在。叠层石在生命演化的过程中扮演了重要的角色。在它们出现之前，地球大气中富含有毒物质，几乎没有生命能够在这样的环境下存活。一些叠层石利用太阳能进行光合作用，制造营养物质并释放氧气。就这样，地球大气经过20亿年的变化，形成了最早适合生物呼吸的空气，为无数物种的进化创造了条件。

探寻鸟类的生命往事

达尔文认为，物种从一种形态进化为另一种形态的过程中存在中间阶段。通常情况下，对于已经适应当前环境的物种，不太可能再找到与之对应的“过渡形态”的物种。这是因为在资源竞争中，已经适应环境的物种会占据优势，使得“过渡形态”的物种难以生存。然而，有些不完整的化石记录能够帮助我们窥见进化故事中这些引人入胜的片段。

从恐龙到鸟类

恐龙统治地球长达约1.65亿年。随着恐龙的体形变得越来越大，资源竞争也不断加剧。某些兽脚亚目恐龙（一类骨骼中空、每只脚有3个脚趾的恐龙）逐渐进化成体形较小、更为敏捷的爬行动物。最终，鸟类从这种爬行动物中进化出来。

认识始祖鸟

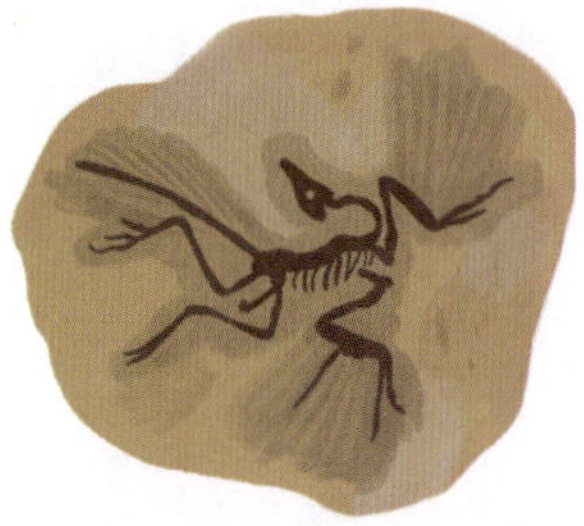
始祖鸟化石

于1861年发现的一个化石为达尔文关于过渡形态的理论提供了支撑。这个动物生活在约1.47亿年前，体长约50厘米，估计体重为1千克。它被称为“始祖鸟”，是一个过渡形态的物种，因为它兼具爬行动物和鸟类的一些特征。始祖鸟拥有鸟类的羽翼和羽毛，以及爬行动物的尾巴和牙齿。

有羽毛的化石

1999年发现的意外北票龙化石具有两种不同的羽毛：一种是用于保暖的绒毛，另一种是用于展示的较长的羽毛。1998年发现的邹氏尾羽龙化石在很多方面都展现出人们期望看到的恐龙与鸟类之间的“缺失环节”，但与已知最早的类鸟恐龙——始祖鸟相比，它出现的时期更晚，生活在始祖鸟出现的数百万年后。

意外北票龙

邹氏尾羽龙

先有鸡还是先有蛋

先有鸡还是先有蛋？答案是先有蛋。这是因为鸟类继承了它们恐龙祖先的产卵能力。虽然恐龙在约6500万年前灭绝，但现今仍有11 000种它们的鸟类后代。

现今的“恐龙型”鸟类

麝雉可能是现存动物中最接近早期类鸟动物的物种。虽然麝雉会飞，但它们更喜欢在南美雨林的树枝间笨拙地攀爬。麝雉与其爬行动物祖先一样，以树叶为食。

天南地北的“默契大考验”

正如达尔文所理解的那样，进化是因产生了优势而发生变化的现象。有时分布在全球不同地区的彼此无关的物种可能会呈现相似的形态或具有相同的习性。这是因为它们在相似的环境中逐步进化，形成了最有利于生存的适应性特征。这一现象被称为趋同进化。

找到自己的生态位

生态系统指的是特定环境或栖息地及其中所有生物的总和，而“生态位”则是生态系统中的一个位置。在不同的生态系统中，不同的生物可能会逐渐进化，以适应相似的生态位。这解释了为何一些没有直接遗传联系的物种可能会呈现相似的形态。

新西兰的斑布克鹰

欧洲和亚洲的雌性白尾鹞

过去，猫头鹰曾被认为属于猛禽家族，因为它们形态相似。它们都具有朝向前方的眼睛、弯曲的喙和锐利的爪子。事实上，它们的相似之处源于它们都在生态系统中处于捕食者的位置。双眼朝前对于捕食者来说至关重要，可以准确地判断猎物与自己间的距离；锐利的爪子用于捕捉猎物；而尖锐的喙则对于撕裂肉质坚韧的猎物而言是不可或缺的工具。

瓶鼻海豚和公牛真鲨

我们或许很难从形态上区分瓶鼻海豚和公牛真鲨。虽然海豚是哺乳动物，而鲨鱼属于鱼类，但由于它们生活在相同的栖息地并依赖相似的食物，在进化过程中便形成了相似的形态。扁平而有力的尾巴使它们能在水中迅速前进，身侧和背部的鳍帮助它们维持身体的稳定，流线型的身体结构使它们能够轻松地在水中畅游。

公牛真鲨是一种鱼

瓶鼻海豚是一种哺乳动物

针鼹和欧洲刺猬

针鼹是澳大利亚独特的哺乳动物，它们能够产卵，并用灵敏的鼻子感应电流。生活在地球另一端的欧洲刺猬的繁殖方式则与之大不相同——它们能够生产幼崽。然而，这两个物种在形态上十分相似。这并非偶然：它们都以昆虫和其他无脊椎动物为食，不需要高速运动以追寻食物。正因为无法高速运动，它们容易成为其他捕食者的目标。因此，针鼹和欧洲刺猬都进化出了尖锐的刺来保护自己，使许多敌人不敢靠近。

多刺的欧洲刺猬

澳大利亚的短吻针鼹

乘着陆地漂向远方

达尔文曾尝试理解同一物种为何会在地球上的不同地区出现。它们是否同时出现在各个地方呢？最终他得出结论：这些物种起源于同一地点，然后从那里迁徙到其他地方。然而，除了迁徙外，大陆的漂移也是导致这一现象的原因之一。

大陆漂移

我们现在知道，在最早的植物和动物出现时，地球上大陆的分布与今天不同。大约在5.5亿年前，大部分陆地集中在被称为“冈瓦纳古陆”的超级大陆处。陆地位于浮动的地壳板块，这些板块叫作“构造板块”。尽管这些板块每年只移动几厘米，但随着数百万年的积累，它们移动的距离已十分遥远。我们把这个过程称为“大陆漂移”。大陆相互分离，并被海洋隔开，因此，一些物种与其“亲戚”被隔离开来。

气候变化

除了大陆漂移，气候变化也会影响海平面的升降。因此，一些陆地可能会被海水分隔开，只有在气候再次变化时才会重新连接。这个过程在数百万年间缓慢发生，为物种的迁徙提供了机会。

冈瓦纳古陆

南极洲的意外发现

曾经位于热带地区的陆地缓慢移动到了极地地带。一些物种进化了，另一些则灭绝了。如今，南极洲的冰层平均厚度达到2千米，最低温度能够达到-50℃。然而，冰层下的岩石却还原了一幅与现在截然不同的景象。一些化石显示，这块大陆曾经是一片生机勃勃的雨林，其中生活着各种各样的动物。

认识冰脊龙

艾氏冰脊龙是一种肉食性恐龙，身长约7米。这种独特的生物化石发现于南极洲的比尔德莫尔冰川下。随着这块大陆缓缓漂向南极，不断降低的温度使恐龙无法继续存活。

艾氏冰脊龙

让现代科技连接过去与未来

了不起的遗传大发现

虽然达尔文了解到植物和动物会将自身的特征遗传给后代，但直到近100年后，科学家们才发现这个过程的运作机制。1953年，科学家们取得了一项重大发现，揭开了基因的奥秘。基因就像控制生命各方面特征的“软件”，例如花瓣形状、身高、性格等特征都由它控制。

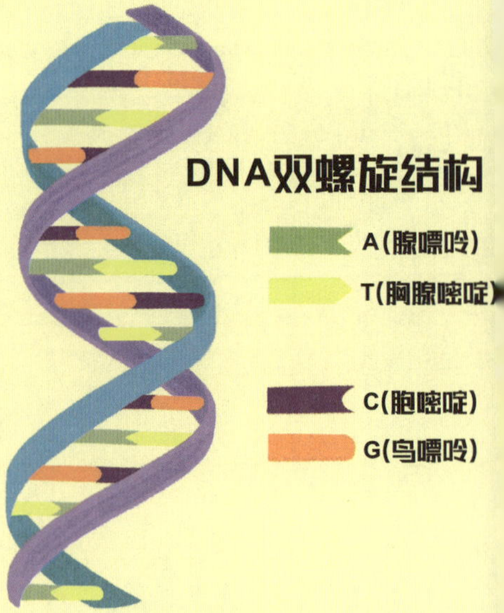

认识DNA

有性生殖的生物基因一半来自父亲，一半来自母亲。基因是带有遗传信息的DNA（脱氧核糖核酸）片段，生物通过复制DNA并将其遗传给下一代来实现繁殖。但在这个过程中，DNA的自我复制并不会绝对完美，而会产生微小的“错误”，也就是变异。正是这些变异产生了进化的可能性。DNA分子是以“双螺旋”结构排列的长链。基因是DNA的基本单位，它们决定了生物的各个特征。每个物种都有专属于自己的基因组。

腺嘌呤、胸腺嘧啶、胞嘧啶和鸟嘌呤，分别以其英文首字母缩写为“A”“T”“C”和“G”。DNA是由这4种化学物质构成的链条，基因则是由这4种化学物质排列成的独特序列。科学家们已经完成了人类基因组的测序，发现人类基因组由32亿个上述“字母”构成！

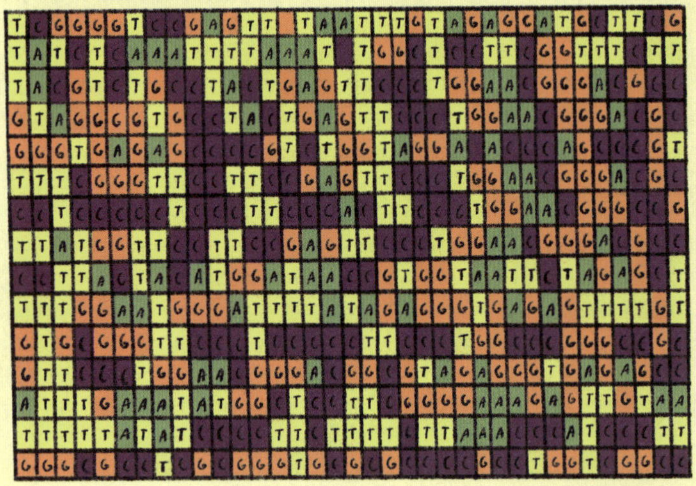

基因组序列的一部分

基因的相似性

许多物种都拥有相同的基因，因为这些基因包含了所有生命所需的基本指令，如控制生长和繁殖的基因。这意味着人类与其他植物和动物在DNA方面有许多相同之处。

人类与其他物种拥有相同基因的百分比。

人类和螃蟹的基因数量相似。

红王蟹

奇妙的亲缘关系

在基因被发现之前，人们主要根据植物和动物的外观将其归类。如今，我们可以通过观察它们DNA中的微小差异，来确定物种之间的亲缘关系，揭示它们的进化过程。DNA使科学家们能够揭示达尔文生活的时代人们无法辨别的、看似不太可能的亲缘关系。例如，我们现在知道和大象最近的“亲戚”是蹄兔，这是一种和兔子一般大的非洲动物。

非洲象

蹄兔

大象和蹄兔的亲缘关系比人们想象的要更密切。

揭开人类家族的神秘面纱

在达尔文出版《人类的由来及性选择》一书时，人类的进化仍是一个未知的科学领域。然而，最近的发现揭示了人类家族谱系，其成员比我们最初预想的要多得多。现今存在的所有人类都属于智人种，这一物种最早出现在约20万年前。人类是众多人属物种中最后出现的一个，而之前的人属物种都已灭绝。人类与猿类同属于灵长类哺乳动物。所有灵长类动物的共同祖先类似于更猴，这是一种形似松鼠的小动物。

最早的灵长类祖先之一——更猴

倭黑猩猩

独特的家庭相册

大猩猩是现存与人类最为接近的“亲戚”。人类的DNA与中非地区倭黑猩猩的DNA之间的相似度约为99%。然而，这区区1%的差异使我们在外貌、智力和习性上与它们有很大的区别。

最后普遍共同祖先

达尔文提出，生物进化存在一个起点，所有生命都是由这个起点进化而来的。现今的科学家们仍在寻找一个被称为“最后普遍共同祖先”的物种——地球上的所有生命都是从这个生物进化而来的。

人类与猿类最后共同祖先的面部重建

最后共同祖先

大约在600万年前，猿类和人类开始分化。这两个群体都源自被科学家称为“最后共同祖先”的物种。我们祖先的体形相当于一个8岁的孩子，其牙齿表明它们能吃各种各样的食物，其骨骼化石则证明它们非常适应在树上生活。

人类的进化过程

在历史的长河中，至少先后进化出了8个人类物种，除现代智人外，其他物种现在均已灭绝。尼安德特人是其中最接近现代人类的一个物种，于大约4万年前灭绝。尼安德特人曾与现代人类共同生活了数千年，在这段时间里，尼安德特人和现代人类发生了混交。如今，数百万人拥有部分尼安德特人的DNA。尽管在他们的DNA中，尼安德特人的DNA只占了约2%，但这一小部分DNA的存在却提高了人类性状的复杂性，是人类得以进化得如此成功的重要因素。

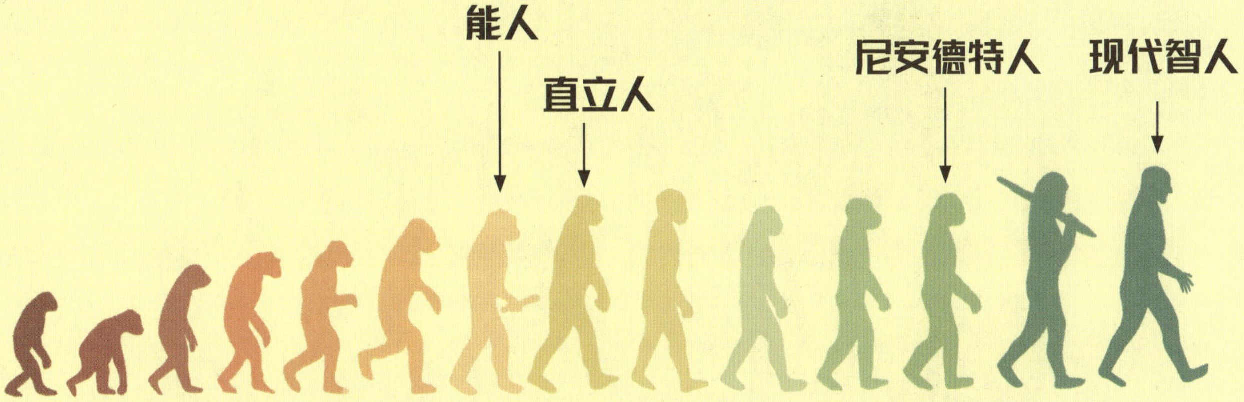

这张著名的图片展示了人类的进化过程，不过它存在一些错误。人类并不是像图中所示的从黑猩猩进化而来的。实际上，黑猩猩和人类都源自同一个早已灭绝的早期灵长类祖先。

伟大博物学家的谬误

随着技术的进步和科学知识的增长，人们对地球本身，以及地球上生命的新发现日益增多，其中一些对19世纪达尔文的观点发起了挑战。

地球的年龄

达尔文估计地球的年龄约为1亿年。然而，他承认这只是基于他个人的教育背景所做的猜测。如今，我们已经知道地球形成于45亿年前。

一颗小行星的撞击引发了一场大规模的灭绝事件

错误的“泛生论”

达尔文曾认为，动物在一生中发展出的独特特征会遗传给后代。举例来说，如果一个健美运动员锻炼出强壮的肌肉，那么他的孩子也会具有肌肉发达的特征。达尔文将这个想法称为“泛生论”，但事实证明这是错误的。虽然健美运动员锻炼出了强壮的肌肉，但他的DNA并没有改变，而DNA才是能够遗传给后代的物质。

错误的“混合遗传”理论

在19世纪，达尔文和其他一些科学家提出了“混合遗传”的理论，认为动物幼崽的特征是其母亲和父亲特征的精确混合。比如，一只黑猫与一只白猫交配，它们总会生出黑白相间的小猫。然而，科学家后来意识到这个理论是错误的，因为他们发现，一只黑猫和一只白猫交配，可能会生出6只毛色不同的小猫，其中包括姜黄色和带斑纹的小猫。这种现象是自然变异的结果。

大灭绝事件

达尔文认为，由于进化是一个缓慢的过程，因此灭绝肯定是个同样缓慢的过程。尽管在许多情况下，他的观点是正确的，但当时的他未能意识到，有些灾难性事件是突然发生的。例如，在约6500万年前，地球遭到了一颗小行星的撞击，导致绝大部分恐龙灭绝。在这次大规模的灭绝事件中，地球上大约76%的物种消失。随后的一段时间内，由于地球上动物数量减少，竞争也相应减少，从而促使物种进化的速度变快、多样性增加。

基因编辑与进化的未来

现代技术使我们能够对DNA进行细微的修改，以实现我们对农作物和养殖动物特征的期望，这在达尔文生活的时代是难以想象的。我们可以从某些农作物中提取出控制植株大小、颜色或生长速度的基因，将其与具有所需特征的同一物种的相应基因进行替换。这就是基因编辑，它比农民使用的传统育种技术更高效。

一片经过基因编辑的转基因玉米田

病虫害防治

农作物害虫是农民面临的一大问题，这可能严重影响谷物收成。基因编辑可以使植物对昆虫不再具有吸引力，从而减少这种威胁。一种被称为“转基因玉米”的谷物的基因经过修改后，能够产生天然毒素，使得毛虫不再吃它。由于庄稼不再受到毛虫的侵害，农民就能够获得更好的收成。

安全的牛奶

过敏防御

大约3%的幼儿对牛奶过敏，这可能会影响他们的生长发育。科学家们已经轻微修改了一些奶牛的基因，使其乳汁不再含有会引发过敏的化学物质。现在，经过基因编辑后的奶牛所产的乳汁对易过敏的儿童来说更加安全。

为眼睛设计颜色

基因编辑技术必须谨慎使用。比如，有一对准父母希望选择他们孩子的眼睛颜色或发质，这样的情况应如何应对？尽管科学家们已经发现人类眼睛颜色是由OCA2基因控制的，但大多数科学家认为基因编辑不应该用于干预人类外貌。目前，基因编辑技术仅限用于提高食品质量或应对健康问题。

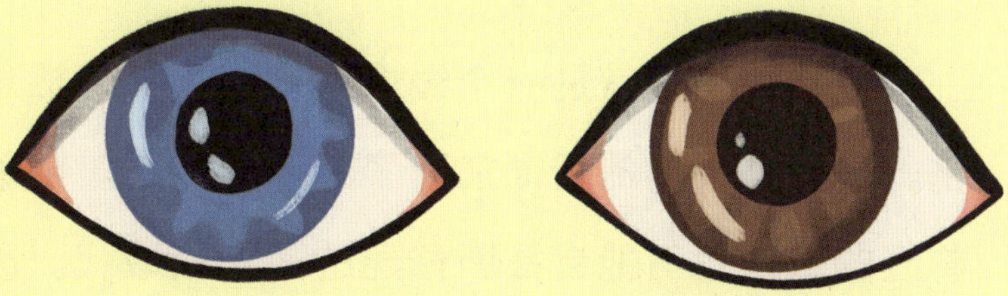

棕色眼睛还是蓝色眼睛？

基因编辑的未来

随着基因编辑这一更高效的新技术出现，科学家们可以更广泛地改变不同物种的DNA。未来，我们或许能够用基因编辑技术轻松地治愈癌症等严重疾病。然而，就像其他新兴科学领域一样，我们需要进行更多的研究来了解基因编辑这项技术。

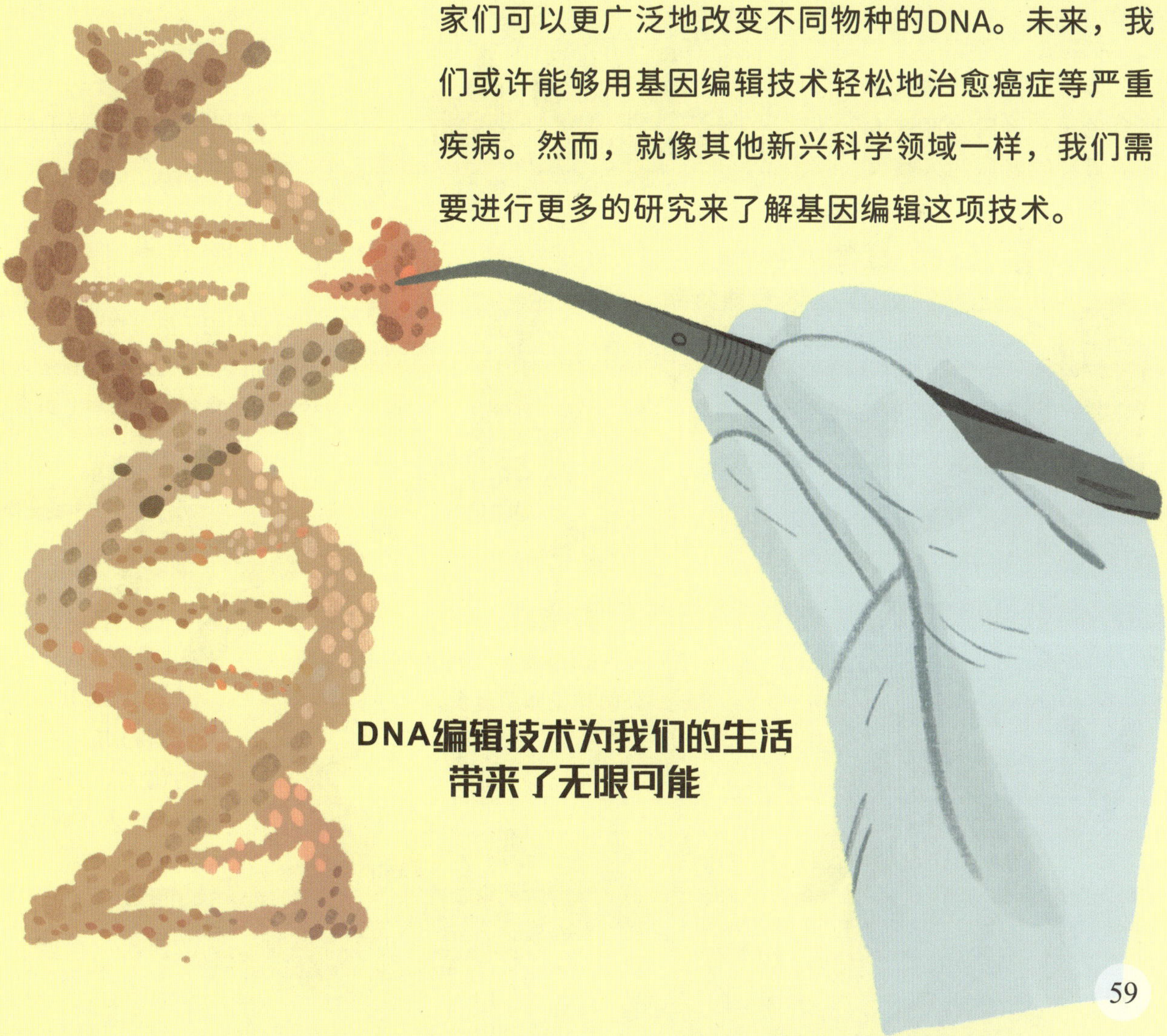

DNA编辑技术为我们的生活带来了无限可能

进化进行时

生物进化通常是一个缓慢的过程，因为栖息地和气候不会在一夜之间发生变化。然而，人类的活动加速了环境的变化。随着城市的扩张，森林可能会消失，曾经的草地也可能会被新修建的道路所取代。因此，为了生存，动物们必须适应全新的环境。

城市化之下的自然选择

随着城市的扩张，越来越多的植物和动物进入城市生活。这是一种现代形式的自然选择。那些能够改变自身饮食结构和生活习性以适应新栖息地的物种，比那些不能适应新环境的物种有更多机会生存下来。然而，这些从郊外过渡到城市的动物是否发生了身体的变化，目前还不得而知。

赤狐

郊外的狐狸在树林里捕食兔子和老鼠，而城市里的狐狸吃老鼠和人类丢弃的食物。

家鸽

数百万只鸽子已经适应了城市生活，以人类的食物残渣为食。

花园鸟类

小鸟在冬天可能会挨饿，因为它们的天然食物消失了。然而现在，一些鸟儿可以在由人类全年供应食物的鸟食台上觅食。

红隼

汽车、人和建筑物产生的热量使城市比周围的乡村更温暖。对红隼来说，窗台就像悬崖一样，只是不那么寒冷。

游隼

因为城市中有更多的鸽子可供捕食，游隼也进入了城市。

郊狼

随着人类进入城市，老鼠也进入了城市，这便吸引了郊狼。

黇鹿

如今城市中的鹿在公园和花园里觅食。

气候变暖对生物的影响

灰熊原本生活在北方森林中，然而，由于气候变化，北极地区变得更加温暖，灰熊只得向北迁移，进入了北极熊的领地。曾经这两个物种虽然有一定的亲缘关系，但通常不会相遇。现在气候变化将它们聚到一处，它们产生了杂交后代。

北极熊

灰熊

北极熊和灰熊的杂交后代

如今我们偶尔会看到一种全新的熊，它们就是北极熊和灰熊的杂交后代。科学家尚未为这个新物种命名，但当地人称其为“北极灰熊”或“灰北极熊”。

术语表

进化：在漫长的时间里，动物和植物逐渐发生的变化。

适应：做出改变以更好地适应环境或条件。

自然选择：能适应环境的生物生存并繁殖，而适应性较差的生物灭绝的过程。

变异：同一物种个体之间出现差异的现象。

地质学：通过研究岩石来探索地球历史的科学。

后代：从相同祖先进化而来的生物。

化石：保存于石头中的古代植物及动物的遗体或遗迹。

博物学家：研究生物及其生存环境的人。

繁殖：生物复制自身的过程。

栖息地：动物或植物通常生活的环境。

性选择：自然选择的一种形式。生物选择伴侣时偏爱某些特征或特性，如长长的角或响亮的叫声，即使这些特征对生存没有帮助，甚至可能有害。

祖先：动物或植物的早期形态，由其演化出后来的物种。

胚胎：尚未孵化的蛋或在母体内未出生的动物。

捕食者：猎捕并食用其他动物的动物。

生态系统：由生物群落及其生存环境构成的复杂系统。

选择育种：人类选择特定的生物体进行培育，使其后代产生所需特征的过程。也称为“人工育种”或“家养选择”。

DNA：所有活细胞内部都有的长化学链，携带着遗传信息。

鲸类动物：一个哺乳动物大家族，包括所有的鲸和海豚等。

琥珀：由树木产生的硬化树脂。

细菌：一个由单细胞构成的庞大生物群体。

共生关系：两个或多个物种相互依赖或互惠互利的关系。

传粉：将花粉从一株植物传播到另一株植物，令开花植物得以繁殖的过程。

花蜜：花朵为吸引传粉者而产生的甜蜜汁液。

花粉：花朵产生的粉末，含有雄性生殖细胞，这种细胞和雌性生殖细胞结合便能产生种子。

微生物：只能通过显微镜看到的微小生物。

过渡形态：正在从一种形态向另一种形态转变的物种。

趋同进化：两个或多个无关物种进化出相似外表和行为的过程。

冈瓦纳古陆：一个包含地球上大部分土地的古代超级大陆，约在1.8亿年前分裂。

基因：DNA中的小片段，控制着父母传给子女的特征。

基因组：存在于某一生物体或物种中的全部基因集合。

灵长类动物：一个哺乳动物大家族，包括狐猴、猴子、猿、人类等。

著作权合同登记号：图字：02-2025-055

图书在版编目（CIP）数据

达尔文的《物种起源》/ (英) 迈克尔·利奇 (Michael Leach)，(英) 梅里埃·兰德 (Meriel Lland)，(英) 亚历克斯·伍尔夫 (Alex Woolf) 著；(哥伦) 朱安妮塔·隆多诺·加维里亚，(墨) 葆拉·萨穆迪奥绘；李小平，韩雪婷，金凯译. -- 天津：天津科技翻译出版有限公司，2025. 5. -- (科学家的故事). -- ISBN 978-7-5433-4696-3

Ⅰ. K835.616.15-49；Q111.2-49

中国国家版本馆CIP数据核字第2025S8Q770号

出　　版：天津科技翻译出版有限公司
出 版 人：方　艳
地　　址：天津市和平区西康路35号
邮政编码：300051
电　　话：（022）87894896
传　　真：（022）87893237
网　　址：www.tsttpc.com
印　　刷：天津中印联印务有限公司
发　　行：全国新华书店
版本记录：889mm×1194mm　16开本　16印张　180千字
2025年5月第1版　2025年5月第1次印刷
定价：158.00元（全4册）

（如发现印装问题，可与出版社调换）